학교폭력전문변호사가 알려주는
학교폭력 가이드북

학교폭력,
해결의 맥

이너북스

수화기 너머로 다급한 목소리가 들려온다.

"여보세요? 거기 변호사 사무실이죠?"

"네. 이호진 변호사입니다."

이제는 직감적으로 여성의 목소리와 어머니의 목소리를 구분한다. 같지만 다르다. 보이지는 않지만 어떻게 설명하면 좋을지 고민하고 있는 것이 느껴진다.

"저희 아이가 학교폭력 피해를 당하고 있어요. 이게 사실이기는 한데 어떻게 해야 할지 모르겠어요. 같은 반 친구들인데 이유 없이 따돌린다고 합니다."

"아, 네."

보통 변호사를 찾을 때에는 분노나 억울함, 걱정 등의 감정을 가지고 온다. 그 감정의 파동은 정말 대단하다. 사건을 이해하기 위해서는 이런 감정도 그냥 넘겨서는 안 된다. 그리고 가장 파동이 쎈(?) 사건이 바로 학교폭력 사건이다.

"며칠 전에는 등교하기 싫다고 자해를 했어요. 그런데 신고를 할지 그냥 묻어둬야 할지 모르겠어요. 괜히 기록만 남기는 건 아닌지. 그렇다고 바로 전학이나 이사를 생각할 형편도 안 되거든요. 도망가는 느낌도 싫고. 혹시 신고하면 가해자들이 저희 아들에게 복수를 하거나 하지는 않겠죠?"

보통의 학교폭력 사건은 두서없이 시작된다. 당황한 부모, 겁먹은 아이들. 이성적인 판단이나 증거 수집은 없다. 가해자에게 가해를 원하고 피해자의 엄살에 치를 떤다. 감정은 이성을 마비시킨다. 감정의 폭발은 올바른 해결책을 마련하지 못한다. 감정은 시간이 흘러가면서 소모되고 결국에는 불안과 걱정만 남는다. 최근 들어서 일부 부모님이나 학생들이 폭력에 대한 증거를 세심히 모으고 정리하는 경우가 있지만 대부분의 경우 정리가 하나도 안 된 상태에서 시작한다.

"증거요? 마땅한 증거도 없어요. 아들도 제가 다그쳐서 몇 가지 알아낸 거지 자세히 말도 못해요. 무서워하는 것만 느껴져요."

목소리에는 당황스러움과 억울함, 사건에 대한 비난과 원망, 현실에 대한 푸념이 섞여 있다. 변호사지만 할 수 있는 것은 들어주는 것밖에 없다. 그냥 듣는다. 감정적으로 대응해서는 아이나 가정을 지킬 수 없다. 감정이 다 소진되어야 문제를 있는 그대로 바라볼 수 있다.

"어머님 일단 진정하시고요, 어머님이 진정하지 않으시면 아이는 더 불안할 겁니다. 정신 바짝 차리시고, 의연한 모습을 보여주세요. 흔들리시면 아이도 흔들립니다. 신고 여부를 결정하기 전, 제가 아이와 한번 만나보면 좋을 것 같습니다."

학교폭력(學校暴力)

요즘 학교폭력의 문제가 심각하다. 얼마 전에도 청와대 국민청원 게시판에 올라온 피해자 학부모의 절절한 사연은 전국 뉴스 네트워크를 통해 소개됐다. 그 흉폭함이나 계획성, 복수의 과정을 보면 과거 지역 조직폭력배 사건이라고 여겨질 정도다. 하지만 이런 뉴스들은 그저 남의 이야기일 뿐 연예인들의 사생활만큼이나 쉽게 잊힌다. 그러나 이런 사건이 내 가족 안에서 벌어진다면 상황이 아주 달라진다.

2018년 기준 전국에는 270만 명의 초등학생과 약 130만 명의 중학생, 약 150만 명의 고등학생이 있다. 전국에 550만 명의 학생이 있는 셈이다. 가족의 수로 어림잡아보면 약 2천만 명이 학교 관련자로 생활하고 있다. 현재 대한민국 인구가 약 5,000만 명이라고 가정하면 그 수의 거의 절반이다. 하지만 학교폭력은 그렇게 큰 문제로 인식되고 있지 못하다. 이유는 간단하다. 모든 교육 문제가 그렇듯 우리 아이가 대학에 입학하는 순간 교육 문제는 남의 이야기가 되어 버린다. 또한 기성세대는 더욱 엄혹한 시절의 교육을 받았기에 지금의 학교폭력이 우습게 보이기 때문이다. 하지만 시대가 변했다.

과거의 폭력이 단지 주먹의 문제였다면 지금은 따돌림, 단체카톡, 부정확한 정보 전달, 소문내기, 계획적 폭력 등 과거와는 다른 형태로 진화(?)했기 때문이다. 현장에서 마주한 많은 학교 폭력들의 잔혹함과 비인간성에 놀랄 때가 있다.

요즘의 청소년들은 폭력에 대한 이해가 과거 세대와는 확연히 다르다. 과거에는 폭력, 특히 학교에서 학생들 간의 문제를 단지 '미완성'된 인격체인 아이들끼리의 사회화 과정으로 이해했지만 요즘의 학생들은 '인권', '권리'에 감수성의 발달로 더 민감하게 반응한다. 필자가 담당했던 사건 중에는 폭력 사건이 벌어진 것도 모르고 있다가 주변에 함께 있었다는 이유로 폭력 관련자로 고발당한 억울한 사건도 있었다. 그리고 다음의 사건도 학교폭력에 해당한다.

학교 내 기숙사에서 생활하고 있는 고등학교 2학년 여학생 정은이는 소등 문제로 룸메이트 3명과 문제가 생겼다. 저녁 10시면 무조건 소등을 해야 하지만 공부할 시간이 부족한 정은이는 작은 미등 아래서 공부를 하다가 다른 친구들과 반목이 생긴 것이다. 시작은 단지 그뿐이었으나 아이들은 정은이 모르게 정은이의 책을 버리기도 하고, 볼펜 등 학용품을 숨겼으며 이기적인 아이로 학교 전체에 소문을 내기도 했다. 사과도 받아주지 않았다. 어떤 말도 소용없었다. 정은이는 혼자 급식을 먹고 아이들은 노골적으로 정은이와의 모둠활동을 피했다. 정은이는 온갖 노력을 다해보았지만 더 이상 혼자서 아무것도 할 수 없음을 깨달았고 이 상황에서 벗어나고 싶었다. 현재 학교를 자퇴하고 검정고시를 준비하고 있다.

사회가 복잡해질수록 폭력의 형태도 다양해지고 있다. 학교폭력 문제를 아이들 사이의 성장 과정으로 인정하고 가만히 내버려 두는 것은 좋은 해결방안이 아니다. 현장을 지켜본 사람으로서 자연적인 해결은 거의 기대하기가 힘들다. 청소년에게는 관성이 있다. 미성숙한 인격의 소유자로 한 친구에 대해 폭력행위의 경향성이 생겨버리면 멈추지를 못한다. 그래서 가해자·피해자 모두에게 정신적 악영향을 미칠 수 있다. 학교폭력은 졸업을 한다고 끝나는 문제가 아니다. 특히 SNS의 발달로 훗날 가해자의 신상이 노출될 수도 있고, 피해에 대한 상처로 외상성 스트레스 증후군이 생겨 대인관계에 어려움을 겪을 수 있다. 특히 필자는 가해자들에게 정당한 처벌이나 교화가 이루어지지 않으면 폭력이 허용되고, 그때의 쾌감으로 인해 주변인이나 사회에 악영향을 주며 본인 스스로도 사회적응이 어려울 수 있다고 생각한다.

「학교폭력전문변호사」로 학교폭력 관련 법률문제만을 다루면서 저자가 생각한 정의가 있다.
"가해자에게는 합당한 처벌을, 피해자에게는 최대한의 포용을"
가해자는 벌을 받아야 한다. 대신 잘못한 만큼의 징계만을 받아야 한다. 그래야 가해자도 그 징계를 스스로 납득하고 반성할 수 있다. '반성'이 전제되어야 '개선'이 가능하다.

　피해자도 가해자가 응당한 처벌을 받는 것을 봐야 한다. 그래야 사회에 대한 신뢰가 싹틀 수 있다. 그런 과정을 통해 양쪽 모두 불만이 없고 미래지향적으로 학업에 더 전념할 수 있다고 생각한다. 또한 피해자는 최대한의 포용을 통해 상처를 치유해줘야 한다. 심리상담과 같은 요양이 꼭 병행되어야 하며 학교폭력의 기억을 빨리 털어버릴 수 있도록 어른들이 도와줘야 한다.

　이 책을 쓴 이유는 자녀나 제자의 학교폭력 문제로 당혹감에 빠진 학생과 어른들을 돕기 위해서다. 당황하기만 하면 안 된다. 과거의 방식대로 '좋은 게 좋은 거'라는 식의 해결법도 지양해야 한다. 나 아닌 누군가가 알아서 내 자식, 내 제자를 잘 지켜 줄 거라 생각하면 안 된다. 그렇게 하다가 억울하게 가해자로 낙인이 찍힐 수도 있다.

　학교폭력도 엄연한 법의 집행으로 처리되는 문제이다. 아무런 법적 조치없이 사과하고 해결하는 과거의 방식은 이제 없다고 생각해야 한다. 특히 2020년 3월 1일부터 기존의 「학교폭력예방 및 대책에 관한 법률」이 큰 폭으로 개정되어 새롭게 시행된다. 그동안 말이 많았던 학교폭력위원회의 전문성 결여, 재심 등 불복절차의 이원화, 무분별한 가해자 징계 생활기록부 기재 등의 문제점을 개선하기 위해서이다. 절차가 달라진 만큼 그에 대한 대비도 달라져야 한다.

　학교폭력의 혼란 속에서 독자들에게 최소한의 가이드라인

을 드리기 위해 이 책을 썼다. 수필이나 소설처럼 쓰지 않고 현재 과정 속에서 필요한 부분을 바로 찾아 볼 수 있도록 원고를 집필했으며 되도록 가해자·피해자 각각의 입장에서도 이해할 수 있도록 집필했다.

이 책은 그간 저자가 학교폭력 관련 법률문제만을 전담하며 얻은 소중한 노하우의 결정체이다. 길을 잃었을 때 나침반이 되었으면 좋겠다. 학교폭력 문제가 발생하였다면 당황하지 말고 이 책을 펼쳐보시기 바란다. 그리고 본인이 직면한 해당 절차 부분부터 꼼꼼히 읽어보시기를 권유 드린다.

2020. 8.

서초동 법조단지에서

학교폭력전문변호사 이호진 올림.

I

학교폭력대책
심의위원회

학교폭력

학교폭력 하면 우리는 은연히 '학교에서 발생한 폭행사건'이라고 생각한다. 그러나 실제 우리가 흔히 학교폭력이라 말하는 개념은 때리는 폭행뿐만 아니라 이보다 훨씬 넓게 '학교폭력예방 및 대책에 관한 법률(법률 제16441호, 2019. 8. 20., 일부개정)'에서 그 정의를 내리고 있다. 우리가 이제껏 사회적 의미로 '학교폭력'이라고 사용했던 단어도 실은 모두 이 법에서 나온 명칭이다.

'학교폭력'이란 학교 내외에서 학생을 대상으로 발생한 상해, 폭행, 감금, 협박, 약취 · 유인, 명예훼손 · 모욕, 공갈, 강요 · 강제적인 심부름 및 성폭력, 따돌림, 사이버 따돌림, 정보통신망을 이용한 음란 · 폭력 정보 등에 의하여 신체 · 정신 또는 재산상의 피해를 수반하는 행위를 말한다(학교폭력 예방 및 대책에 관한 법률 제2조 제1호, 약칭 '학교폭력예방법'이라 부른다).

위의 나열된 상해, 폭행, 감금 등의 문구는 예시에 불과하고, 위 문구에 해당하지 않는 행위라도 학생의 신체·정신 또는 재산상 피해를 수반하는 행위라면 모두 학교폭력 행위에 해당한다고 서울행정법원 판례는 이야기하고 있다. 따라서 '학교폭력'의 개념 범위는 실제로 상당히 넓게 운용되고 있으며 '신체적·정신적 피해를 가져오는 일체의 행위'를 의미하고 있음을 알아야 한다(물론 이에 대한 부작용과 비판도 많이 있다).[1]

학교폭력 연루의 징후[2]

———

"한마디 말도 없어요. 진우가 학교에서 돌아와서도 표정도 없이 자기 방으로 들어가 나오지도 않아요. 처음에는 그냥 무슨 일 있나 했는데 한 달 동안 계속되니까 걱정이 되네요."

– 피해자 사례

"수학여행 이후부터 친구들 만난다고 10시 넘어서 집에 들어

---

1) 위와 같은 학교폭력예방법의 입법목적, 관계 규정의 내용 등을 고려하면, 학교폭력예방법상의 학교폭력은 그 유형으로 열거된 행위뿐만 아니라, 이에 해당하지 않더라도 학생에 대하여 신체·재산 또는 정신적 피해를 수반하는 행위로서 그 행위의 내용이나 정도가 피해학생을 보호하고 가해학생에 대해 선도·교육이 필요하다고 평가할 만한 것이라면 학교폭력에 해당한다고 해석·적용함이 타당하다(서울행정법원 2019. 5. 23. 선고 2018구합83604판결).
2) 학교폭력 사안처리 가이드북 발췌(2014. 12., 교육부), 푸른나무 청예단 제공.

왔어요. 담배 냄새가 심하게 났는데 PC방에서 옮겨온 거라고
했어요. 신발은 모래투성이고, 손에 드문드문 상처가 생기기도
했습니다."

- 가해자 사례

학생이 학교폭력 사건에 연루되었는지 부모나 교사 입장에서는 정확히 알기가 어렵다. 대부분 아이들은 자신이 발각되면 창피하거나 무언가 귀찮아지는 일을 어른들에게 숨기기 마련이다. 가해자의 경우는 혼날까봐, 피해자의 경우는 창피하고 자존심 상해서 이런 반응을 보이는데 아래와 같은 징후가 아이나 학생에게 나타난다면 학교폭력 연루 가능성을 의심해 볼 수 있다.

피해학생의 징후

가정에서

- 갑자기 학교를 가기 싫어하고 그만두고 싶어 한다.
- 전학을 가자고 이야기한다.
- 내성적이고 소심하며 갑자기 초조한 기색을 보인다.
- 부모와 눈을 잘 마주치지 않고 피한다.
- 전보다 화를 자주 내고, 작은 일에 눈물을 보이기도 한다.
- 머리나 배 등이 자주 아프다고 호소한다.
- 몸에 상처나 멍 자국이 있다.
- 학교에서 돌아오면 옷이 매우 지저분해져 있거나 찢어진

부분이 있다.

- 자신이 아끼는 물건을 친구에게 빌려주었다고 한다.
- 학교 갔다가 집에 들어오면 의기소침해 있거나 힘이 없어 한다.
- 자꾸 방에 혼자 있으려 한다.
- 갑자기 격투기나 태권도 학원에 보내달라고 한다.
- 복수나 살인, 칼, 총 등 무기에 대해 관심을 보인다.
- 괴롭힘을 당한 다른 아이들의 이야기를 자주 말하며, ～친구가 그런 일이 있었는데 어떻게 해야 하냐는 식으로 질문을 한다.
- 학교성적이 급격히 떨어진다.
- 노트나 가방, 옷에 낙서가 많이 있다.

학교에서

- 한 아이를 빼고 이를 둘러싼 아이들이 알 수 없는 웃음을 짓는다.
- 문구류, 휴지, 쪽지가 특정 아이를 향한다.
- 평상시와 달리 수업에 집중하지 못하고 불안해 보인다.
- 교과서나 필기도구가 없다.
- 종종 무슨 생각을 하느라 정신이 팔려있는 듯 보인다.
- 자주 점심을 먹지 않는다.
- 점심을 혼자 먹을 때가 많고 빨리 먹는다.
- 자기 반 교실보다는 이 반, 저 반 다른 반을 떠돈다.

- 친구들과 자주 스파링 연습, 격투기 등을 한다.
- 같이 어울리는 친구가 거의 없거나, 소수의 학생과만 어울린다.
- 교실보다는 교실 밖에서 시간을 보내려 한다.

가해학생의 징후

가정에서

- 성미가 급하며, 충동적이고 공격적이다.
- 대화가 거의 없고, 반항하거나 화를 잘 낸다.
- 자신의 문제 행동에 대해서 이유와 핑계가 많고, 자존심을 강하게 드러낸다.
- 사주지 않은 고가의 물건을 가지고 다니며, 친구가 빌려준 것이라 한다.
- 밤늦게까지 친구들과 어울리느라 귀가 시간이 늦거나 매우 불규칙하다.
- 무언가 감추는 게 많아진다.
- 다른 학생을 때리거나 괴롭히는 모습을 종종 보이며, 욕설을 한다.
- 집에서 주는 용돈보다 씀씀이가 크다.

학교에서

- 화를 잘 내고 공격적이다.
- 성미가 급하고 충동적이다.

- 친구에게 받았다고 하면서 비싼 물건을 지니고 다닌다.
- 작은 칼, 흉기 등을 소지한다.
- 등 · 하교 시 가방을 들어주는 친구가 있다.
- 손이나 팔 등에 붕대를 감고 다니기도 한다.
- 교사의 권위에 도전하는 모습을 종종 보인다.
- 친구들이 자신에 대해 말하는 것을 두려워한다.
- 교사가 질문할 때 다른 학생의 이름을 대면서 그 학생이 대답하게 시킨다.

학교폭력 신고 후의 대략의 진행절차

간단하게 정리하면 ① 피해자의 학교폭력 신고 혹은, ② 학교가 자체적으로 학교폭력 사안을 인지한 이후 다음의 진행절차를 따른다.

신고 또는 인지 → 학교의 신고사실 확인 및 교육청 보고 → 학교 '전담기구'의 사안조사[피해자, 가해자 조사 및 확인서 작성, 참고인(증인) 및 사실자료(CCTV 확인 조사, 부모 면담 등)] → 전담기구의 '학교장 자체해결 사안'심의 → (자체해결 종결이 불가할 경우) → 학교폭력대책심의위원회로 회부3) → 학교폭력대

---

3) 기존에 우리가 익히 들어서 알고 있던 '학교폭력위원회, 학폭위'(정식명칭은 「학교폭력대책자치위원회」였다)는 2020년 3월 1일부로 폐지되고 그 명칭이 '학교폭

책심의위원회 개최(피해자 측, 가해자 측 차례로 참석하여 위원들로부터 문답하는 시간을 갖음) → 결과 통보

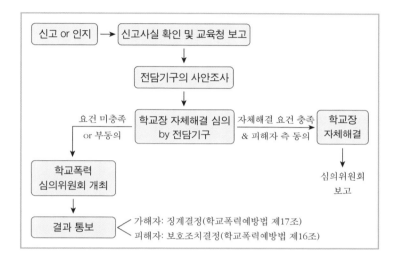

학교폭력사건 고려사항

피해자의 경우

신고를 할 것인가, 말 것인가? 아이가 학교에서 돌아오면 말이 없어지고, 가방이나 옷이 뜯어진 흔적이 보이며 몸에도 상처나 멍이 보인다고 가정해보자. 학교폭력을 당한 것이 아닌가 싶은 의심이 드는 충분한 상황이다. 어떻게 해야 할까. 신고를

력대책심의위원회'(줄여서 심의위원회)로 바뀌며 개최되는 장소도 기존 학교에서 '교육청(내지는 교육지원청)'으로 변경되었다.

해야 할까 말까.

학교에 학교폭력 사실을 신고한다면 필요적으로 학교폭력대책심의위원회(이하 '심의위원회'로 약칭)가 열리게 되어 있다.[4] 따라서 정식으로 신고를 하게 되면 학교폭력확인서(본인), 부모확인서, 서면진술서 등의 서류를 제출해야 하고 이후 심의위원회가 개최되어 가해자는 징계조치(학교폭력예방법 제17조), 피해자는 보호조치(학교폭력예방법 제16조)를 받게 되는 것이다. 가해자의 경우 징계조치는 모두 생활기록부에 기재가 되어 징계의 경중에 따라 졸업과 동시에 삭제되기도 하고, 졸업 후 2년후 삭제, 아예 무삭제 되는 것까지 삭제 시기도 징계 종류에 따라 달라진다.

[다만 가해학생의 경우 2020년 3월 1일부터는 법률의 개정으로 경미한 조치(1호 서면사과, 2호 접촉, 협박 및 보복금지, 3호 교내봉사)의 경우에는 1회에 한하여 이를 이행한 경우 그 조치가 유보됨을 유의!]

사안이 경미하고 이미 가·피해자가 화해하여 재발 방지 등의 약속을 받았다면 (그리고 실제로 다시 그러한 일이 발생할 것 같지 않다면) 굳이 심의위원회를 개최할 필요는 없다. 학교폭력 신고 전에 아이들을 화해시키고 부모들끼리 합의를 하여 학교에 알리지 않고 모든 문제를 마무리하는 것이다. 이렇게 하면

---

4) 다만 이후 상술할 '학교 장 자체해결 사안'의 각 요건에 해당하고 피해자가 개최하지 않을 것에 동의한 경우는 예외.

심의위원회를 열지 않고 사안을 마무리할 수 있다.

즉 학교폭력 심각성의 정도 및 가해자의 반성의 정도, 재발 가능성 등 상대방의 태도나 상황을 보고 이번 학교폭력 사건을 신고하는 것이 합리적일까를 고민해야 한다.

사안마다 상황이 모두 다르므로 이에 대한 선택은 부모 또는 당사자의 책임이다. 다만 학교폭력 전문변호사로서 경험에 비추어 보면 가해자(들)의 위와 같은 행동이 상당기간 반복적으로 이루어진다는 느낌이 든다면, 그때에는 신고를 망설이지 말 것을 당부드린다. 아이들의 행동에도 '관성'이라는 것이 있고 이러한 관성을 제어하는 것이 아이들은 어른들보다 더 힘들기 때문이다. 즉 가만히 내버려 두면 상황이 악화되기 마련이며 학생들의 꼬여버린, 되돌릴 수 없는 문제가 알아서 해결되는 경우는 거의 없었다. 학교폭력이 어느 정도 지속성을 띄게 되면 어른들의 개입이 반드시 필요하다는 것이 필자의 경험이다.

가해자의 경우

가해행위를 인정할 것인가 말 것인가. 가해자의 경우는 보통 ① 피해자 측이 심의위원회 신고 전에 따로 연락이 와서 알게 되는 경우가 있고, ② 피해자 측이 이미 학교에 신고를 한 후 학교로부터 통보를 받는 경우가 있다(보통 학교 측에 학교폭력 신고가 되었다며 가해학생 부모에게 연락을 하고 가해학생 당사자에게는 확인서를 쓰라고 함). 보통은 후자의 경우가 더 빈번하다.

전자의 경우, 학생 본인은 자신이 그러한 행위를 하였는지를 곰곰이 생각해보고, 학부모라면 자녀에게 그러한 행위를 한 사실이 있는지를 확인해야 한다. 만약 사실이고 그 행위가 학교폭력예방법 제2조상의 '학교폭력' 행위에 해당한다는 판단이 들면, 피해자 측에 빨리 사과를 하고 재발 방지를 약속하여 신고가 이루어지지 않게 하는 편이 현명하다. 왜냐하면 학교폭력 신고가 되고 가해행위 자체가 존재한다고 판단되면, 가·피해자가 아주 어린 나이거나 특별한 사유가 있지 않는 한 통상 1호 서면사과 이상의 조치가 나올 확률이 매우 높기 때문이다. 비록 3호 이내의 조치가 나와 지금 당장은 생활기록부상 징계 기록이 유보된다고 하더라도 차후 또다시 학교폭력 사안에 연루된다면 '상습적인 학교폭력 가해자'로 분류되어 불이익을 받을 수 있고 예전에 받았던 징계기록 모두가 기재될 수도 있다.

후자의 경우, 신고가 이미 이루어졌으므로 특별한 사정이 없으면 심의위원회는 개최될 것이다. 그렇다면 이에 대비를 해야 한다.

대비는 ① 학교폭력 사안을 인정하고 '반성'과 '화해를 요구하는 태도'를 보여 심의위원회에 징계의 감경을 요청할 수 있고, ② 만약 학교폭력 행위를 한 사실이 없거나 지나치게 부풀려져 있다면 이를 다투어 징계 자체를 받지 않거나(즉, '무조치' 처분), 징계를 받더라도 생활기록부상 기재가 되지 않는 3호 조치 이내의 약한 수준의 징계를 받도록 노력해 볼 수 있다.

어떤 전략을 선택할지는 결국은 본인의 선택이지만, 학교폭력의 행위 유형 및 행위에 이르렀던 과정, 상대방과 본인의 증거 관계, 피해자 측과 가해자 측의 관계 등을 종합하여 판단하는 것이 중요하다.

이에 관해서는 첫술에 배부를 수 없다. 학교폭력에 관련된 부분은 많이 복잡하다. 사건이 마무리되어도 서운하고 화가 날 수 있다. 그래서 많이 알아야 한다. 감정적으로 대응하지 않으려면 이 책의 내용을 끝까지 일독하시기를 감히 권한다.

●●● 학교폭력 이해를 위한 기초용어사전

1. 학교폭력대책심의위원회(줄여서 '심의위원회')

통상 우리가 이야기하는 '학폭위'의 정식 명칭이다. 원래는 학교폭력대책「자치」위원회였으나 2020. 3. 1.부터 그 명칭이 변경되어 학교폭력대책「심의」위원회로 운영된다. 또한 개최 장소가 종전 학교에서 교육청으로 이관되었다.

10인 이상~50인 이하의 위원으로 구성되며(학교폭력예방법 제13조), 그 구성원의 1/3을 해당 교육지원청의 관할 학교 학부모위원으로 구성한다. 학교폭력이 신고가 되면 심의위원회에서 의결을 거쳐 가해학생의 징계조치(동법 제17조) 및 피해학생의 보호조치(동법 제16조)를 결정하는 중요 의결기관이다. 비유하자면 법원의 재판부와 같은 역할을 하는 학교폭력 사건에 있어 제일 핵심이 되는 기관이다.

2. 선도위원회

위의 '심의위원회'와 구별하여야 한다. 선도위원회는 학교폭력을 제외한 학생의 다른 비행에 대한 징계를 하는 학교의 내부 자치기구이며 모두 '교원'으로 구성된다. 예를 들면 학생들의 음주, 흡연, 시험부정행위, 교사 지시 불이행, 불건전한 이성교제 등에 대한 제재 및 징계를 가하기 위해 존재하는 기관이다. 즉 피해학생이 없는 학생 개인의 비행문제를 다루는 교내 징계기관으로 보면 된다.

3. 전담기구

학교장(교장)이 구성하는 학교폭력의 사안을 조사하고 조사결과를 심의위원회에 보고하는 학교 내부기관이다(학교폭력예방법 제14조). 즉 학교폭력 사안조사, 당사자 및 참고인(목격자) 신문을 주도적으로 하는 곳으로 일반형사절차에 비유하자면 경찰이나 검찰 같은 '수사기관'의 역할을 하는 곳이다. 심의위원회와 더불어 두 번째로 중요한 기관이라 할 수 있다. 법 개정 이전에는 교원(교사)로만 이루어졌으나 2020년 3월 법 개정 이후부터는 전담기구 구성원의 1/3 이상이 당해 학교의 학부모로 이루어져야 한다.

4. 긴급조치

학교폭력 사건 신고 후 학교장이 가해자에 대한 선도가 긴급하다고 판단될 경우 ① 서면사과, ② 접촉·협박행위의 금지, ③ 교내봉사, ④ 심리치료, ⑤ 출석정지의 조치를 심의위원회의 징계결정 전까지 임시적으로 가해학생에게 내리는 것을 말한다(학교폭력예방법 제17조 제4항). 필요한 경우 피해학생의 보호조치 또한 미리 집행하기도 한다. 이후 긴급조치에 관해서는 심의위원회 개최일에 위원회에서 '추인'(사후 승낙)을 받아야 한다. 즉 학교폭력 신고부터 심의위원회 결정까지 시일이 소요되므로 그간 사고를 막기 위해 임시조치를 하는 것이다.

5. 학교장의 자체해결사안

학교폭력 사건이 인지되거나 신고되면 필요적으로 심의위원회가 개최되는 것이 원칙이다. 다만 ① 피해자 측에서 2주 이상의 신체적·정신적 치료를 요하는 진단서를 발급받지 않은 경우, ② 피해자 측의 재산상 피해가 없거나 즉각 복구된 경우, ③ 가해자의 학교폭력이 지속적이지 않은 경우, ④ 가해자의 학교폭력 행위가 학교폭력에 대한 신고, 진술, 자료제공 등에 대한 보복행위가 아닌 경우에는 피해자 측의 동의를 받아 심의위원회를 개최하지 않고 학교장의 자체해결 사안으로 사안을 종결시킬 수 있다(학교폭력예방법 제13조의2).

6. 분쟁조정

심의위원회 또는 교육감이 민사상 손해배상 및 기타 심의위원회가 필요하다고 인정하는 사항과 관련하여 양 당사자 측을 중재하여주는 제도이다(주로 가·피해자 간의 민사상 손해배상과 관련한 조정 업무가 주를 이룬다). 실제 분쟁조정 제도를 활용하여 양·당사자 간 합의가 이루어지는 경우가 거의 없다. 따라서 존재 실효성에 관하여는 다소 의문이 있다.

신고단계

———

"올해 고등학교 1학년이 된 기용이는 한 달째 등교거부 중이다. 개학이 부담이 돼서 그냥 하는 말인 줄 알았다. 그런데 기용이의 연습장에 욕설과 함께 같은 반 친구들의 이름이 적혀 있었다. 자초지종을 물었지만 대답하지 않았다. 달래면서 상황을 파악할 수 있었다. 기용이는 따돌림을 당하고 있었다. 따돌림의 이유는 알 수가 없고 자신이 쉬는 시간에 놀고 있으면 아이들이 욕을 하며 시비를 걸기도 하고, 어깨빵(지나갈 때 어깨를 부딪치는 행위)을 하기도 하며, 수업시간에 야유를 보내고, 기용이의 SNS에 '못생겼다, 재수없다, 나가 죽어라'라는 식의 댓글

이 달렸다. 하지만 끝까지 가해자의 이름을 밝히지 않았다. 부모로서 이 일을 두고 볼 수 없다. 정식으로 학교에 이 일을 신고할 생각이다."

- 기용이의 사례 1

학교폭력 신고 3가지 방법: 어디에 신고를 할 것인가?

학교

학교 담임선생님이나, 생활지도부선생님, 교감선생님 등에게 직접 학교폭력 사실을 알리는 방법이다. 타기관을 거치는 것보다 빠른 접수가 가능하나 학교가 판단하기에 경미한 학교폭력이라 생각되는 경우, 자의적으로 해결하려는 경우가 간혹 있다. 학교입장에서는 학교폭력 사안이 접수되면 전담기구를 통해 사안조사를 하여야 하고 그 결과를 교육청에 알리는 등의 행정업무가 많아지기 때문이다. 따라서 신고 접수가 잘 이루어지지 않는 경우 꼭 정식으로 '서면'을 통해 학교폭력 신고를 해야 한다. 심의위원회 개최의사를 학교 측에 분명히 표시하여야 한다.

117

국번 없이 117('학교폭력 신고센터')에 전화하면 학교폭력 신고가 가능하다. 117(타기관)을 거쳐 학교 측에 신고가 통보되고 접수되기 때문에 이후 정식 절차대로 진행된다. 간단한 법률정보 및 폭력에 대한 상담 또한 가능하다. 이 방법도 힘든 상황에 있다면 기억하길 바란다.

　다만 117 상담원이 법률전문가가 아님에도 불구하고 잘못된 법률정보를 알려 주어 오히려 당사자에게 곤혹을 겪게 만든 사례도 있었다. 따라서 학교폭력 신고의 창구로만 활용하는 것이 좋을 듯하다.

관할 경찰서

　학교 소재한 주소지의 관할 경찰서에도 학교폭력 신고가 가능하다. 현재 학교마다 'SPO(School Police Officer의 줄임말)'가 배치되어 있으며 이분들이 일하시는 곳이 각 관할 경찰서 '여성청소년계'다. 특히 '성(性)'과 관련된 학교폭력 사안이나 피해자의 피해정도가 중하고 가해자의 행위가 형법상의 중죄에 해당될 경우 관할 경찰서를 통해 학교폭력 사건을 접수하는 것이 좋은 방법이다. 수사기관의 '인지'가 이루어지고 이에 따른 형사절차도 함께 진행될 수 있기 때문이다.

신고의무가 있는가

　학교폭력예방법 제20조 제1항에 보면「학교폭력 현장을 보거나 그 사실을 알게 된 자는 학교 등 관계 기관에 이를 즉시 신고하여야 한다」라고 규정되어 있다. 따라서 일반적으로 학교폭력 발생 사실을 안 경우 신고의무가 있냐고 묻는다면 '있다'라고 이야기하는 것이 정답이다.

　다만 위의 규정과 관련한 벌칙규정(처벌규정)이 현실적으로 존재하지 않는다. 따라서 신고를 하지 않더라도 어떠한 형사적 제재(처벌)도 가해지지 않는다. 이에 학교폭력예방법 제20조 규정은 선언적인 규정에 불과하다 말할 수 있다. 그런데 예외적으로 교원의 경우 신고하지 않으면 과태료의 처벌을 받는 경우가 있다. 바로 '성범죄'와 관련된 사안으로 '19세 미만의 미성년자를 보호하거나 교육 또는 치료하는 시설의 장 및 관련 종사자'는 자기의 보호·지원을 받는 자가 「성폭력범죄의 처벌 등에 관한 특례법」 제3조부터 제9조까지, 「형법」 제301조 및 제301조의2의 피해자인 사실을 알게 된 때에는 즉시 수사기관에 신고하여야 한다. 이에 불응할 경우 300만 원의 과태료가 부과된다.

결론은 학생이나 학부모의 경우, 신고의무가 있기는 하나 이는 선언적인 규정이고 알고도 신고하지 않았다 하여 어떠한 불이익이 발생하는 것은 아니라는 것이다. 다만 교원이나 어린이, 청소년 시설의 기관장에게는 (미이행 시 과태료 처벌규정이 있으므로) 조금 더 실효성 있는 신고의무가 부과되어 있다고 할 수 있다.

사안조사 단계

학교폭력 신고가 접수되면 학교 내의 '전담기구'에서 학교폭력 사안조사가 시작된다.

"학교에 정식으로 신고를 했다. 교감선생님을 찾아가 신고서를 전달하고 왔다. 기용이를 설득해 그동안 당한 내용을 연습장에 적어보라고 했다. 신고접수 후 학교에서는 기용이와 기용이가 지목한 가해학생들을 불러 신고 내용을 파악하고 확인서를 작성했다. 기용이 SNS에 있는 욕설과 모욕적인 언행을 다 캡처해서 학교에 제출했다. 또한 기용이가 어깨빵 당했을 시점을 특정해 학교 측에 복도 CCTV 조사요청을 하였다. 심리상담도 시작했으며 심리상담 소견서도 받아 피해 자료로 학교에 제출했다."

-기용이의 사례 2

전담기구

> **●●● 학교폭력예방법**
>
> 제14조(전문상담교사 배치 및 전담기구 구성)
> ③ 학교의 장은 교감, 전문상담교사, 보건교사 및 책임교사(학교폭력문제를 담당하는 교사를 말한다), 학부모 등으로 학교폭력문제를 담당하는 전담기구(이하 "전담기구"라 한다)를 구성한다. 이 경우 학부모는 전담기구 구성원의 3분의 1 이상이어야 한다.
>
> ④ 학교의 장은 학교폭력 사태를 인지한 경우 지체 없이 전담기구 또는 소속 교원으로 하여금 가해 및 피해 사실 여부를 확인하도록 하고, 전담기구로 하여금 제13조의2에 따른 학교의 장의 자체해결 부의 여부를 심의하도록 한다.

⑤ 전담기구는 학교폭력에 대한 실태조사(이하 "실태조사"라 한다)와 학교폭력 예방 프로그램을 구성·실시하며, 학교의 장 및 심의위원회의 요구가 있는 때에는 학교폭력에 관련된 조사결과 등 활동결과를 보고하여야 한다.

⑥ 피해학생 또는 피해학생의 보호자는 피해사실 확인을 위하여 전담기구에 실태조사를 요구할 수 있다.

전담기구란 교감, 전문상담교사, 보건교사 및 책임교사, 학부모로 이루어진 학교폭력 사안을 '조사'하고(마치 일반 형사사건에서 경찰, 검찰과 같은 수사기관의 역할), 그 결과를 심의위원회에 보고하는 학교장의 권한으로 만들어진 조사기관이다. 조사 시 관련 학생과의 담임선생님과도 긴밀하게 협조한다.

학교폭력심의위원회 다음으로 학교폭력 절차에서 중요한 기관이며, 위와 같은 사안조사 활동 이외에도 심의위원회가 끝난 후 사후적으로 피해학생을 보호, 가해학생의 생활지도를 수행하는 일을 한다.

현행 개정 법 이전, 전담기구는 오직 교원으로만 구성되었으나 현재는 그 구성원의 1/3 이상을 학부모로 구성하도록 의무화했다. 전담기구의 사안조사는 사건의 기초를 구성하는 일로 '심의위원회'와 더불어 너무나도 중요하다. 이러한 중요한 과정에 어떻게 보면 학교의 외부인인 학부모를 참여시켜 좀 더 조사의 객관성을 띄게 한 것이다. 앞으로 더욱더 투명하게 사실조사가 이루어지기를 희망해 본다.

학교폭력 사안이 접수되면 전담기구의 지휘 아래 사안조사(실체관계 조사)가 시작되며, 보통 관련학생(가해자, 피해자, 참고인-목격자 등)을 불러 문답의 형식으로 조사를 진행한다.

가 · 피해자 진술서

학교폭력 사안이 접수되면 가장 먼저 가 · 피해자를 불러 사실 확인을 한다. 이때 '진술서'를 작성하게 되는데(교육부 배포 서식에는 '확인서'라는 양식으로 되어 있다), 진술서를 받는 것은 선택사항이기는 하나 사안조사 시 대부분의 학교에서 관행적으로 학생을 불러 진술서를 받는다. 이는 조사의 편의를 위해서이다.

'학생확인서'를 살펴보면 "본인이 피해받은 사실, 가해한 사실, 목격한 사실 등을 육하원칙에 의거하여 상세히 기재하세요."라고 되어 있고 아래는 공란으로 두고 있다.

대부분 이러한 양식 때문에, 또한 선생님이 앞에서 지켜보고 계시니 많은 학생들이 거의 자백하는 형식의 진술서를 작성하고 만다. 학생 입장에서는 무서우니 무조건 잘못했다고 하는 것이다. 그러나 이러한 무분별한 진술들이 이후 심의위원회 등에서는 매우 불리하게 작용할 수 있다는 점을 명심하여야 한다.

학생 확인서

* 사안번호:

1	성명		학년 / 반		/		성별	남 / 여
2	연락처	학생			보호자			
3	관련학생							
4	사안 내용		※ 피해받은 사실, 가해한 사실, 목격한 사실 등을 육하원칙에 의거하여 상세히 기재하세요. (필요한 경우 별지 사용)					
5	필요한 도움							
6	작성일	20 년 월 일			작성 학생			(서명)

출처: 2020년 학교폭력 사안처리 가이드북 개정판(교육부, 이화여자대학교 학교폭력예방연구소)

보호자 확인서

* 사안번호:

1. 본 확인서는 학교폭력 사안조사를 위한 것입니다.
2. 자녀와 상대방 학생에 관련된 객관적인 정보를 제공해 주셨으면 합니다.
3. 사안 해결을 위해 학교는 객관적이고 적극적인 자세로 임할 것입니다.

학생 성명			학년/반	/	성별	남 / 여
사안 인지 경위						
현재 자녀의 상태			신체적 - 정신적 -			
자녀 관련 정보	교우 관계		(친한 친구가 누구이며, 최근의 관계는 어떠한지 등)			
	학교폭력 경험 유무 및 내용		(실제로 밝혀진 것 외에도 의심되는 사안에 대해서도)			
	자녀 확인 내용		(사안에 대해 자녀가 보호자에게 말한 것)			
현재까지의 보호자 조치			(병원 진료, 화해 시도, 자녀 대화 등)			
사안 해결을 위한 관련 정보 제공			(특이점, 성격 등)			
현재 보호자의 심정			(어려운 점 등)			
본 사안 해결을 위한 보호자 의견, 바라는 점			(보호자가 파악한 자녀의 요구사항 등)			
작성일	20 년 월 일		작성자			(서명)

출처: 2020년 학교폭력 사안처리 가이드북 개정판(교육부, 이화여자대학교 학교폭력예
  방연구소)

따라서 작성에 상당히 주의하여야 한다. 피해자는 이때 작성하는 문구와 추후에 주장하는 피해 사실이 일치해야 진술의 신빙성을 높일 수 있으며 가해자 입장에서도 마찬가지이다.

전수조사의 실시

가해자가 광범위하거나 아예 가해자가 누구인지 모를 경우, 가해자와 피해자가 주장하는 사실관계가 서로 너무 달라 누구의 말이 진실인지 모를 경우에는 전담기구의 요청, 담임교사의 주재 아래 학급 아이들 전체를 대상으로, 그리고 익명으로 '전수조사'를 하기도 한다.

예를 들면 "평소 a가 b학생을 괴롭히는 모습을 본 적이 있으면 적어보시오. 만약 있다면 구체적으로 어떤 행동을 하였나요?"라는 문항들을 나눠주고 이를 익명으로 제출하게 하는 방식이다.

기타 객관적 증거의 수집

CCTV, 문자 메시지, 단체 카카오톡 대화내용, 녹음파일, 당시 목격자나 관련 학생들의 이야기를 들어보고 학교폭력 사실 존부를 파악할 수 있는 자료가 있다면 직접 증거를 확보하거나 당사자에게 제출을 요구할 수도 있다.

학교폭력 사안조사 보고서

* 사안번호:

접수 일자	20 년 월 일		담당자	
관련 학생	**성 명**	**학년/반/번호**	**성 별**	**비고** (장애여부 등 특이사항 기재/장애학생의 경우, 장애 영역 기재)
사안 개요	전담기구에서 조사한 사안 내용을 육하원칙에 의거 구체적으로 기재			
쟁점 사안	A 학생의 주장 내용 및 근거자료			
	B 학생의 주장 내용 및 근거자료			
	C 학생의 주장 내용 및 근거자료			
	...			

출처: 2020년 학교폭력 사안처리 가이드북 개정판(교육부, 이화여자대학교 학교폭력예
 방연구소)

	※ 아래 사항을 확인하여 구체적으로 기재	
사안 진행 및 조치 사항	학교폭력 사안조사 시 확인사항	확인 내용 (관련 자료 등)
	1. 심각성 판단요소	진단서 제출 여부 등
	2. 지속성 판단요소	전담기구 심의 결과
	3. 고의성 판단요소	피·가해학생 확인서 참고
	4. 반성정도 판단요소	가해학생 면담조사 등
	5. 화해정도 판단요소	고소, 고발 및 합의서 여부 등
	6. 가해학생의 선도 가능성 판단요소	학교폭력 재발 여부 등
	7. 피해학생이 장애학생인지 여부	특수교사의 의견 청취

판단요소	확인 내용
가해학생이 행사한 학교폭력의 심각성·지속성· 고의성	
가해학생의 반성 정도	
가해학생 및 보호자와 피해학생 및 보호자 간 화해 정도	
해당 조치로 인한 가해학생의 선도 가능성	
피해학생이 장애학생인지 여부	
긴급조치 여부	
특이사항	성 관련 사안, 치료비 분쟁, 피해학생이 다문화학생인지 여부, 관련 학생 및 그 보호자의 요구사항, 언론보도 등 특이사항 기재

[참고] 「학교폭력 예방 및 대책에 관한 법률」 제14조제4항에 의거 전담기구에서는 학교폭력
에 관련된 조사결과 등 활동결과를 보고하여야 함.
※ 학교장 자체해결이 되지 않은 경우, 학교장 결재 후 심의위원회 보고

출처: 2020년 학교폭력 사안처리 가이드북 개정판(교육부, 이화여자대학교 학교폭력예
방연구소)

⦿⦿⦿ 불이익을 피하는 조사방법

정확한 사실관계의 정리

가해자이든 피해자이든 본인이 기억하고 주장하게 될 사실관계가 어떠했는지 잘 정리하여 사안조사 시 그대로 진술하는 것이 중요하다. 기억이 나지 않는 부분은 기억이 나지 않는다고 솔직히 말하면 된다. 가장 지양해야 할 것이 중언부언하고 본인 말에 앞뒤가 맞지 않아 모순되게 이야기하는 것이다(이른바 진술의 일관성이 떨어지는 것).

'학교폭력대책심의위원회'는 위원들을 '설득'하는 일종의 과정이라고 보면 된다. 피해자가 처음에는 배를 맞았다고 하다가 나중에는 머리를 두세 차례 맞은 것 같다고 주장한다면 그 진술 전체에 신빙성이 무너질 수 있고 그렇다면 위원들도 당연히 동의가 되지 않을 것이다.

따라서 학교폭력 신고 및 신고가 접수된 사실을 알았다면 사건 당시의 사실관계를 최대한 정확하게 기억해 놓고(미리 한번 연습장에 정리해 보는 것을 추천한다) 그에 기초하여 본인에게 최대한 유리하게 어떤 주장을 할 것인가를 고민하는 것이 좋다.

증거 제출

원칙적으로 학교폭력 사안조사(실체관계 조사)의 권한 및 의무는 학교 '전담기구'에 있다. 따라서 사실관계 확인뿐만 아니라 그에 맞는 '증거수집의 의무' 또한 학교에게 있는 것이다(따라서 증거가 하나도 없다고 학교폭력 신고가 불가능한 것은 아니다. 조사 및 증거 마련의 의무는 어디까지나 학교에 있기 때문이다).

그렇다고 본인이 유리한 증거를 가지고 있는데 '학교가 알아서 해주겠지' 하고 가만히 있으면 안 된다. 적극적으로 사안조사 시 학교 측에 본인이 가지고 있는 증거를 제출해야 한다.

피해자 측이 낼 수 있는 증거로는 진단서, 심리상담 내역, 진료비 내역, 상해부위 사진, 문자, SNS 캡처, 녹취록, 사실확인서, CCTV(확보가 가

능하다면) 등이 있고,

가해자 측이 낼 수 있는 증거로는 (피해자 측 주장에 반하는) 문자, SNS 캡처, 녹취록, 사실확인서, CCTV 및 기타 합의서나 반성문 등 화해나 반성의 표시가 될 만한 것들이 있다.

위와 같은 증거자료는 별개로 제출해도 되지만, '서면의견서'를 통해 주장 사실과 함께 해당 부분에 맞게 정리하여 제출하는 것이 훨씬 효과적이다. 제출한 증거가 어떤 주장을 뒷받침하는 것인지 알 수 없다면 제출하지 아니한 것만 못하므로 일목요연하게 주장과 해당 증거를 잘 정리하여 서면으로 제출해야 한다.

학교와의 좋은 관계를 유지할 것

심의위원회 절차 진행 중 학교와 좋은 관계를 유지하는 것도 중요하다. 물론 이제는 심의위원회가 교육지원청으로 이관되어 학교 내에서 심의위원회가 개최되지는 않으나 어디까지나 사안을 조사하고 보고하는 일체의 업무는 아직도 학교가 한다. 교육지원청 내에 소속된 심의위원회는 학교에서 보내준 자료를 토대로, 그리고 심의위원회 당일 당사자의 진술을 들어보고 결정을 대신 내려주는 것에 불과하다.

따라서 학교가 어떻게 사실관계를 확정하는지, 어떤 내용으로 교육지원청에 사안보고를 하는지에 따라 그 결과의 방향이 미리 정해질 수도 있다. 혹자는 학교에 강하게 나갈수록 학교도 무서워하기 때문에 학교에 찾아가 소리도 지르고 소위 이야기하는 '진상'을 피기도 해야 한다고 말한다.

물론 완전히 틀린 말은 아니다. 다만 그러한 행동이 법률 혹은 규정에 근거한 정당한 요구에서 비롯된 것이라면 괜찮지만 말 그대로 근거 없는 진상이 된다면 오히려 학교에 '피해야 될 학부모'로 낙인찍혀 단순한 골치 아픈 사람으로 치부될 수 있다. 그렇게 되면 향후 본인의 주장이 학교 측에 잘 반영도 되지 않을뿐더러 아이의 학교생활에도 영향을 줄 수 있다. 실무상 그러한 경우를 많이 보았다.

따라서 학교와 최대한 좋은 관계를 유지하려고 노력하되 법률에 근거하여 요구할 것은 서면으로 정확히 요구하고 수용할 것은 수용하는 또렷한 모습을 보이는 것이 좋다. 학교를 '존중'(respect)하는 모습도 보여줘야 한다.

만약 그럼에도 불구하고 학교 측에서 절차적으로 부당하게 조사하거나 한쪽으로만 편향된 시각을 가지고 있다고 판단되면, 구두 내지는 서면으로 미리 학교 측에 경고하고 교육청에 민원을 넣는 등 교사 및 학교 측에 민사상 손해배상 청구를 함이 옳다.

가이드라인 제시

전담기구의 조사 시 의견서의 제출을 통해 조사의 가이드라인을 제시하는 것도 매우 좋은 방법이다. 가령 학교폭력 발생 당시 목격자 '김아무개'가 있었다고 한다면 본인에게 유리하게 진술할 것이 분명한 그 친구를 조사해 달라고 전담기구에 알리는 것이다.

또한 사건 당시 현장에 CCTV가 있었다고 한다면 일시, 장소를 특정하여 학교에 CCTV확인을 요청할 수 있다. 만약 학교 밖에서 이루어진 행위라면 직접 CCTV를 열람, 복사하여 학교 측에 제출할 수도 있다.

학교장의 긴급조치

"신고 후 열흘이 지나자 학교 측에서 연락이 왔다. 학교 전담기구에서 가·피해자 조사를 모두 마쳤는데 학교폭력심의위원회를 열지 않고 학교장 자체해결 사안으로 종결하는 것이 어떻겠느냐는 연락이었다. 나는 일언지하에 이를 거절하였고 학교 측에 심의위원회를 열어 달라고 강력하게 요구하였다. 더불어 지금 기용이의 상태가 매우 심각하므로 심의위원회의 결정이 나오기 전까지 '긴급조치'로서 가해학생들에게 출석정지 조치를 내려달라고 이야기하였다."

- 기용이의 사례 3

●●● **학교폭력예방법**

제16조(피해학생의 보호)

① 심의위원회는 피해학생의 보호를 위하여 필요하다고 인정하는 때에는 피해학생에 대하여 다음 각 호의 어느 하나에 해당하는 조치(수 개의 조치를 병과하는 경우를 포함한다)를 할 것을 교육장(교육장이 없는 경우 제12조제1항에 따라 조례로 정한 기관의 장으로 한다. 이하 같다)에게 요청할 수 있다. 다만, 학교의 장은 피해학생의 보호를 위하여 긴급하다고 인정하거나 피해학생이 긴급보호의 요청을 하는 경우에는 제1호, 제2호 및 제6호의 조치를 할 수 있다. 이 경우 학교의 장은 심의위원회에 즉시 보고하여야 한다.

1. 학내외 전문가에 의한 심리상담 및 조언
2. 일시보호
3. 치료 및 치료를 위한 요양
4. 학급교체

제17조(가해학생에 대한 조치)

① 심의위원회는 피해학생의 보호와 가해학생의 선도·교육을 위하여 가해학생에 대하여 다음 각 호의 어느 하나에 해당하는 조치(수 개의 조치를 병과하는 경우를 포함한다)를 할 것을 교육장에게 요청하여야 하며, 각 조치별 적용 기준은 대통령령으로 정한다. 다만, 퇴학처분은 의무교육과정에 있는 가해학생에 대하여는 적용하지 아니한다.

1. 피해학생에 대한 서면사과
2. 피해학생 및 신고·고발 학생에 대한 접촉, 협박 및 보복행위의 금지
3. 학교에서의 봉사
4. 사회봉사
5. 학내외 전문가에 의한 특별 교육이수 또는 심리치료
6. 출석정지
7. 학급교체
8. 전학
9. 퇴학처분

④ 학교의 장은 가해학생에 대한 선도가 긴급하다고 인정할 경우 우선 제1항 제1호부터 제3호까지, 제5호 및 제6호의 조치를 할 수 있으며, 제5호와 제6호는 병과조치할 수 있다. 이 경우 심의위원회에 즉시 보고하여 추인을 받아야 한다.
병과: 두 가지 이상의 징계 내지는 형벌을 내림.

학교장은 피해학생이 긴급보호를 요청하는 경우, 그리고 가해학생에 대한 선도가 긴급하다고 인정할 경우 각 피해학생과 가해학생에게 '긴급조치'를 내릴 수 있다.

통상 학교폭력 신고 후 전담기구에서의 사안 조사 및 '학교장 자체해결 사안' 결정까지 14일 내에 이루어져야 하며(단, 학교장의 권한으로 7일 연장 가능), 자체해결 사안으로 끝나지 않고 학교의 요청으로 학교폭력심의위원회에 사안이 접수된 경우 심의위원회는 접수 후 21일 안에 심의위원회를 개최하여야 한다(다만 상황에 따라 7일 이내에서 연장가능).

따라서 최대의 기간을 잡는다면 학교폭력 신고에서부터 심의위원회 결정까지 약 50일(14+7+21+7일=49일)정도의 시간이 소요될 수 있고, 만약 사안이 복잡하여 심의위원회가 1회로 종료되지 않으면 그 이상의 시간이 소요될 수도 있다.

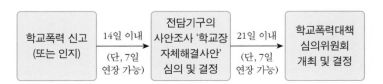

따라서 그 기간 동안 '긴급한 경우' 각 학생에게 맞는 긴급조치를 학교장이 내릴 수 있게 한 것이다. 일종의 임시조치라 보면 된다.

먼저 학교폭력예방법 제16조 제1항에는 '피해학생'의 긴급(보호)조치로 '1호(심리상담), 2호(일시보호), 6호(그 밖에 피해학생의 보호를 위하여 필요한 조치)'를 학교장이 취할 수 있으며, 이 경우 심의위원회에 즉시 보고하게 되어 있다.

또한 학교폭력예방법 제17조 제4항에는 '가해학생'의 긴급(선도)조치로 '1호(서면사과), 2호(접촉 협박 및 보복행위의 금지), 3호(교내봉사), 5호(특별교육이수 또는 심리치료), 6호(출석정지)'(5호와 6호는 병과 가능)를 학교장의 권한으로 내릴 수 있으며, 이 경우 마찬가지로 심의위원회에 즉시 보고하여 추인을 받아야 한다. 학교장이 긴급조치를 내리면 가해학생과 그 보호자에게 이를 통지하여야 하며, 가해학생이 이를 거부하거나 회피하는 때에는 「초·중등교육법」 제18조에 따라 징계가 가능하다. 덧붙여 6호 출석정지 조치를 긴급조치로 부과하는 경우 (단순한 통지가 아닌) 해당 학생 또는 보호자의 의견을 들어야 한다(학교폭력예방법 시행령 제21조 제2항).

실무적으로 긴급조치를 활용하는 경우는 다음과 같다.

① 피해학생이 수업을 듣고 공부는 해야겠으나 가해학생들과 접촉하기를 매우 꺼려하는 경우. 피해자 긴급조치로 일시보호 내지는 그 밖에 피해학생의 보호를 위하여 필요한 조치를 활용하여 독립된 공간에서 수업을 받게 하고, 가해자 긴급조치로 접촉·협박 및 보복행위 금지조치를 병과한다.

② 집단 따돌림(왕따)이나 은따의 경우 피해자의 정신적 충격이 상당하여 자해 등의 행위를 하기도 하므로 바로 피해자 긴급조치로 심리상담 조치를 취하는 경우도 많았다.

③ 학교폭력 사안이 중하고 피해자의 피해 또한 심한 경우 가해학생에게 긴급(선도)조치로 '출석정지'를 내리는 경우가 많다.[5]

피해자 입장에서 '긴급조치'가 필요한 상황이라면 심의위원

---

5) 출석정지와 관련하여서는 학교폭력예방법 시행령 제21조에 규정이 따로 있다. 학교장의 우선 출석정지가 가능한 사안은, ① 2명 이상의 학생이 고의적·지속적으로 폭력을 행사한 경우, ② 학교폭력을 행사하여 전치 2주 이상의 상해를 입힌 경우, ③ 학교폭력에 대한 신고, 진술, 자료제공 등에 대한 보복을 목적으로 폭력을 행사한 경우, ④ 학교의 장이 피해학생을 가해학생으로부터 긴급하게 보호할 필요가 있다고 판단하는 경우이다.

회 신고와 동시에 서면으로 하는 것이 가장 효율적이다.

학교폭력대책심의위원회의 개최

개최 시기

"신고 후 약 한 달 만에 심의위원회가 열렸다. 약 1주일 전 교육지원청으로부터 장소와 시간을 통지 받았다. 나는 기용이를 데리고 30분 먼저 교육지원청에 도착했으나 운영위원이 가해자와 피해자는 각각 다른 대기실을 제공하니 마주칠 염려가 없다고 했다. 심의위원회 간사라는 사람이 찾아와 회의장으로 우리를 안내했다. 회의장에는 9명 정도의 위원들이 앉아 있었으며 사안에 대해 기용이에게 이것저것 물어보기 시작했다. 기용이가 긴장하여 잘 대답을 하지 못하면 내가 아는 선에서 최대한 보조하였다. 피해사실과 우리가 제출한 증거자료에 대해 충실히 설명하려고 노력했다."

– 기용이의 사례 4

학교폭력 신고를 하면 전담기구가 사안조사를 하고, 2주(최장 3주)안에 '학교장 자체해결 사안'으로 회부할 것인지에 대한 심의를 진행한다. 이후 요건을 갖추지 못했거나 피해자 측의 동의가 없어 자체해결사안으로 종결이 불가능하면 3주(최장 4주)안에 심의위원회를 개최해야 한다.

현재 각 교육지원청은 심의위원회 위원을 학교폭력예방법에서 제시하는 거의 최대치인 50명에 가깝게 운영하고 있으며, 심의위원회에 5인 이상 10인 이하의 위원으로 구성된 둘 이상의 '소위원회'를 두고 있다. 또한 소위원회에서 의결한 사항은 심의위원회 위원장에게 보고하고, 소위원회의 의결로서 심의위원회 의결을 「갈음」할 수 있게 하고 있어(학교폭력예방법 제14조의 2), 실질적으로 결의를 소위원회에서 하고 심의위원회 결의를 이로써 대체하는 방법을 취하고 있다(즉 하나의 심의위원회에 작은 협의체인 소위원회를 2~5개 둠으로써 동시에 2~5개의 심의위원회가 관내 학교폭력 사안을 처리할 수 있게 하는 구조라 할 수 있다).

2020년 3월 1일 이전 '학교폭력위원회' 운영시기에는 학부모 위원이 전체 학폭위 위원의 과반수가 돼야 했고 이로 인해 학교가 위원들에게 일일이 연락을 취해 최대한 많은 위원이 참석할 수 있는 시간대로 위원회 개최 시간을 정하였다. 학교폭력위원회 위원 대부분이 사회생활을 하고 있는 학부모들이었으므로 각 위원들의 시간을 맞추는 것이 녹록하지 않았다. 따라서 간혹 학교폭력위원회가 신고 후 정말 짧은 시간에 번갯불에 콩 볶아 먹듯 개최되기도 하였다. 저자는 학교폭력 신고 후 3일 뒤에 열린다고 통보받은 적도 있다.

신속히 절차를 진행하여 결과를 보기 바라는 사람이라면 상관없지만, 위원회가 너무 조기에 개최되면 그 사이 당사자들은 준비할 시간이 부족할 수밖에 없다. 피해자 측도 피해 사실 입증을 더 탄탄하게 하기 위해 자료나 의견서를 제출할 수 있고 가해자 측도 본인의 잘못된 가해행위가 무엇이었는지, 이를 다툰다고 하면 각종 반대되는 자료를 준비해야 한다. 주어진 기간이 너무 짧으면 피해자 측은 신고 내용의 보충이 어렵고, 가해자 측은 이른바 '방어권'의 행사에 지장이 올 수도 있다.

다만 앞으로는 학교폭력위원회를 심의위원회라는 이름으로 교육지원청에서 개최하므로 좀 더 시스템이 전문화되어 일관성 있게 운영될 것을 기대해 본다.

예상 시나리오

심의위원회 개최일에는 통상 학생과 부모가 함께 나가 위원들의 질문에 답변을 하고 기타 피력하고 싶은 이야기들을 해야 한다.

대부분의 학부모들은 심의위원회가 처음이다. 신문에서나 보는 남의 이야기라고 생각하였지 본인들의 일이 될 줄은 꿈에도 몰랐을 것이다. 심의위원회가 대략 어떤 절차로 진행되는 것인지 알고 들어가야 한다. 그래야 심의위원회에 참석하여 진술하는 데 있어 마음이 한결 편할 것이다.

1. 개최알림 및 진행절차, 주의사항 설명(위원장 또는 심의위원회 간사)
2. 위원의 제척·기피·회피 사항 체크
3. 사안 및 문제의 쟁점보고

4. 피해자 측 사실 확인 및 질의응답, 의견진술/퇴장

5. 가해자 측 사실 확인 및 질의응답, 의견진술/퇴장

6. (필요한 경우) 참고인 혹은 담임교사, 전담기구교원 등을 소환하여 질의 응답

7. 위원들의 조치논의 (가해자-징계조치, 피해자-보호조치)

8. 조치결정

9. 결과통보

학교폭력대책심의위원회의 구성

●●● 학교폭력예방법

제13조(심의위원회의 구성·운영) ① 심의위원회는 10명 이상 50명 이내의 위원으로 구성하되, 전체위원의 3분의 1 이상을 해당 교육지원청 관할 구역 내 학교(고등학교를 포함한다)에 소속된 학생의 학부모로 위촉하여야 한다. ② 심의위원회의 위원장은 다음 각 호의 어느 하나에 해당하는 경우에 회의를 소집하여야 한다.

1. 심의위원회 재적위원 4분의 1 이상이 요청하는 경우
2. 학교의 장이 요청하는 경우
3. 피해학생 또는 그 보호자가 요청하는 경우
4. 학교폭력이 발생한 사실을 신고받거나 보고받은 경우
5. 가해학생이 협박 또는 보복한 사실을 신고받거나 보고받은 경우
6. 그 밖에 위원장이 필요하다고 인정하는 경우

③ 심의위원회는 회의의 일시, 장소, 출석위원, 토의내용 및 의결사항 등이 기록된 회의록을 작성·보존하여야 한다.

④ 그 밖에 심의위원회의 구성·운영에 필요한 사항은 대통령령으로 정한다

학교폭력대책심의위원회(줄여서 '심의위원회')는 10인 이상~50인 이하의 위원으로 구성되어 있다. 심의위원회 위원은 교육장[6]이 임명한다(교육장은 임명권자이지 위원이 되지는 못한다). 심의위원회 위원이 될 수 있는 자는 ① 해당 시·군·구의 청소년 보호업무 담당 국장 또는 과장 및 교육지원청의 학교폭력 업무 또는 생활지도 업무 담당 국장 또는 과장, ② 교육전문직원 또는는 교육전문직원으로 재직하였던 사람, ③ 학교폭력 업무 또는 학생생활지도 업무 담당 경력이 2년 이상인 교원 또는 교원으로 재직하였던 사람, ④ 판사·검사·변호사, ⑤ 해당 시·군·구를 관할하는 경찰서 소속 경찰공무원, ⑥ 의사자격이 있는 사람, ⑦ 학교의 조교수 이상 또는 청소년 관련 연구기관에서 이에 상당하는 직위에 재직하고 있거나 재직하였던 사람으로 학교폭력 문제에 대하여 전문지식이 있는 사람, ⑧ 청소년 선도 및 보호단체에서 2년 이상 청소년 보호활동을 담당한 사람, ⑨ 해당 교육지원청 관할 구역 내 학교의 학부모, ⑩ 그 밖에 학교폭력예방 및 청소년 보호에 대한 지식과 경험이 풍부한 사람이 위원이 될 수 있다(학교폭력예방법시행령 제14조 제1항). 임기는 통상 2년이다.

---

6) 교육청 내지는 교육지원청의 장.

심의위원회 위원장은 종전(2020년 3월 1일 이전) 보통 교감이 맡는 경우가 많았으나, 저자가 겪어본 바로는 일반 학부모가 맡는 경우도 있었고 변호사인 경우도 있었다. 경찰이 위원장이 되는 것은 아직 보지 못했다. 그러나 이제는 교육지원청의 장인 교육장이 지정하므로 교육지원청의 학교폭력 업무를 담당하는 부서장(국장 또는 과장)을 위원장으로 선임하는 경우가 많아질 것으로 예상한다.

경찰관이 심의위원회에 들어온다고 하여 긴장할 필요는 없다. 법 개정 이전 10번 중 5번 정도는 '학교폭력대책자치위원회'에 경찰관이 들어오는데 보통 관할 경찰서 여성청소년계의 젊고 비교적 직급이 낮은 분들이 들어오셨다. 이분들은 'SPO(School Police Officer)'라 하여 관할 구역 내 학교에서 학폭전담경찰관으로 활동하도록 배치받은 분들이다. 오히려 가끔 위원들의 논의가 산으로 갈 때 경찰관이 바로잡아 주시곤 한다. 2020. 3. 1. 이후 학폭위가 심의위원회로 운영되면서 전담경찰관분들의 역할이 대폭 확대될 것으로 예상한다. 각 소위원회마다 최소 1~2명 정도는 배정이 될 것이다.

그리고 심의위원회의 '간사'라는 직책이 있다. 보통 심의위원회에서 총무 역할을 한다고 보면 된다. 위원장 대신에 심의위원회 사회를 보기도 하고, 각 학교 전담기구의 사안조사 내용을 위원회에 브리핑하는 업무, 그리고 심의위원회 위원들에게 연락을 돌리는 등 행정적인 업무를 보조하며 각 학교로부터 학교폭력 조사 자료를 인계받는 역할을 한다. 위원이 아니므로 발언권이 없으며 결의에도 참여하지 못한다. 가장 중요한 업무는 심의위원회 회의록 작성과 관리이다. 후에 행정심판, 행정소송 등 불복절차를 밟고자 하면 심의위원회 간사에게 '정보공개청구'를 하여 회의록 열람·복사 신청을 하여야 한다.

심의위원회의 심의 사항

위원회는 다음과 같은 사항을 심의대상으로 한다.

- 학교폭력의 예방 및 대책 수립을 위한 학교 체제 구축
- 피해학생의 보호
- 가해학생에 대한 선도 및 징계
- 피해학생과 가해학생 간의 분쟁조정
- 그 밖에 대통령령으로 정하는 사항

보통은 위 '두세 번째'의 역할이 주 업무라고 보면 된다.

심의위원회의 결의 방법

심의위원회의 회의는 재적위원 과반수의 출석으로 개의하고, 출석위원 과반수의 찬성으로 의결한다(학교폭력예방법 시행령 제14조 제5항, 이는 소위원회도 마찬가지이다). 회의 종료 시까지 과반수 참석이 유지되어야 한다. 이를 위반할 경우 위원회

운영의 절차적 하자로 위법하며 결의 취소의 사유가 된다.

위원회의 의무

비밀유지의무

학교폭력의 예방 및 대책과 관련된 업무를 수행하거나 수행하였던 자는 그 직무로 인하여 알게 된 비밀 또는 가해학생 피해학생 및 제20조에 따른 신고자, 고발자와 관련된 자료를 누설하여서는 안된다(학교폭력예방법 제21조).

따라서 심의위원회 위원이 가·피해학생의 개인정보, 가족사항, 심의 의결과 관련된 위원들의 개인별 발언 내용을 외부로 누설한다면, 1년 이하의 징역 또는 1천만 원 이하의 벌금에 처하게 된다(학교폭력예방법 제22조). 이는 학교폭력예방법상에 존재하는 유일한 형사처벌 규정으로 만약 이러한 사실을 알게 되었을 경우 수사기관(경찰, 검찰)에 형사고소가 가능하다.

법 개정 이전 '학교폭력대책자치위원회' 위원들이 이런 사실을 잘 모르고 가·피해자 측 부모와 연락하여 이러쿵저러쿵 의결 과정에 대해 이야기하는 경우가 많았다. 이를 들은 가·피해자 학부모들은 격분하기 마련이고, 이를 이유로 위원회 결의가 잘못되었다며 불복이나 재심을 요청하는 경우가 적지 않았다. 심한 경우 위원회 위원과의 전화통화를 녹취하여 위원회의 부당함을 소명하기 위해 재심절차에서 제출해도 되겠느냐는 문의를 받은 적도 있다.

다행히 2020년 3월 1일부터는 법이 개정되어 심의위원회 학부모 위원들을 관할 구역 내 학교 전체에서 선출하므로 학교폭력 가해자·피해자의 가족이거나 직·간접적으로 지인일 경우가 확률적으로 많이 줄어들 것이다. 따라서 위와 같은 폐해도 거의 사라질 것이라 예상한다.

번외로 통신비밀보호법상 본인이 대화자로 참여하고 있는 경우에는 상대방의 동의를 구하지 않고 대화내용을 녹음하더라도 불법이 아니다. 다만, 이러한 자료를 제출함으로써 정작 자신에게 도움을 주려고 의결내용을 이야기해준 위원을 형사고발이라는 곤경에 빠뜨릴 수 있음도 인지해야 할 것이다.

알면 도움이 되는 제도들
제척, 기피, 회피 제도

아이가 학교폭력을 당해 심의위원회 개최를 요구하였는데, 심의위원회에 가해자 측 부모가 위원으로 있거나 가해자의 현 담임선생님이 위원으로 앉아 있는 일은 충분히 일어날 수 있는 일이고 이런 경우 당연히 결의의 공정성은 담보되기는 어려울 것이다. 학교폭력예방법은 이와 같은 상황을 피하기 위해 '제척, 기피, 회피'라는 제도를 두고 있다.

먼저 제척이란, 법에서 정한 일정한 사유가 있는 경우 자동으로 위원의 자격에서 제외된다는 의미이다.

또한 기피란, 특정 심의위원회 위원에게 공정한 결의를 기대할 수 없어 한쪽 당사자가 불이익을 입을 위험성이 있는 경우, '당사자의 신청'으로 해당 위원이 결의에 참석하는 것을 저지하는 제도이다.

　마지막으로 회피란 위원 스스로 본인이 당사자들과 이해관계가 있다고 판단되면 당해사건의 의결에서 스스로 빠진다(벗어난다)는 의미이다.

● 제척사유

●●● 학교폭력예방법 시행령이 정의한 제척사유

제26조(심의위원회 위원의 제척 · 기피 및 회피)
① 심의위원회의 위원은 법 제16조, 제17조 및 제18조에 따라 피해학생과 가해학생에 대한 조치를 요청하는 경우와 분쟁을 조정하는 경우 다음 각 호의 어느 하나에 해당하면 해당 사건에서 제척된다.

1. 위원이나 그 배우자 또는 그 배우자였던 사람이 해당 사건의 피해학생 또는 가해학생의 보호자인 경우 또는 보호자였던 경우
2. 위원이 해당 사건의 피해학생 또는 가해학생과 친족이거나 친족이었던 경우
3. 그 밖에 위원이 해당 사건의 피해학생 또는 가해학생과 친분이 있거나 관련이 있다고 인정하는 경우

　제척사유 즉, 위 제1, 2, 3호에 해당하는 위원은 아예 처음부터 위원 자격에서 배제되는 것이다(당사자의 신청 같은 것을 필요로 하지 않는다. 즉 자동 탈락이라 보면 된다).
　이미 기술하였듯이 심의위원회 개최는 총 위원의 과반수 참여과 참여위원의 과반수로 의결하는데, 제척사유가 있는 위원

의 경우 이러한 결의 수 요건에도 산입(카운팅)이 되지 않는다. 만약 10인으로 구성된 심의위원회에서 6인의 위원이 참석하여 간신히 과반수 요건을 충족, 결의를 시작하려고 했는데 1명의 위원이 알고 보니 제척사유가 있었을 경우 그 심의위원회의 구성은 위법하며 거기에서 내린 결정도 취소되어야 한다.

● 기피사유

「학교폭력과 관련하여 심의위원회를 개최하는 경우 또는 분쟁이 발생한 경우 심의위원회의 위원에게 공정한 심의를 기대하기 어려운 사정이 있다고 인정할 만한 상당한 사유가 있을 때에는 분쟁 당사자는 심의위원회에 그 사실을 서면으로 소명하고 기피 신청을 할 수 있다」(학교폭력예방법 시행령 제26조 제2항).

기피가 제척과 다른 점은 제척은 위 1, 2, 3호에 해당하면 당연히 자동으로 (당해사건에 한하여) 위원 자격이 박탈되는 것이지만, 기피는 양 당사자의 '신청'에 의해 이루어진다는 점이다.

기피 신청서

	소속 학교	학년/반	학생 성명	보호자 성명
신청인				
	주소			
신청내용	기피대상자			
	신청이유			

「학교폭력예방 및 대책에 관한 법률」시행령 제26조 제2항에 따라
위와 같이 신청합니다.

2○○○. ○○. ○○.

○○○ 학생 보호자 (서명 또는 인)

학교폭력대책심의위원회 귀중

출처: 2018년 학교폭력 사안처리 가이드북(교육부, 이화여자대학교 학교폭력예방연구소)

심의위원회에서 '제척, 기피, 회피' 3개의 절차 중 가장 문제가 되는 것이 바로 이 '기피'이다. 왜냐하면 제척은 법에 정한 사유가 있으면 당연히 위원에서 제외되는 것이고, 회피는 위원 본인이 공정한 결정을 내리지 못할 것 같다는 이유로 당해 사건에 한해 스스로 위원직을 사임하는 것이므로 크게 문제 될 것이 없다.

그러나 기피와 관련해서는 당사자가 '공정한 심의를 기대하기 어려운 사정'에 신청하라고 되어 있는데, 실무상 그 기준이 상당히 애매하다.

이와 관련 판례는 "제척사유와 같이 자치위원이 사건 당사자의 보호자이거나 친족관계 또는 친분이 있다고 인정되는 경우가 이에 해당하며, 그 밖에도 자치위원이 평소 사건 당사자와 원한관계에 있다거나 사건 발생 이후 일방 당사자에 대한 불리한 언행을 하여온 사실 등을 객관적으로 소명할 수 있는 경우에도 공정한 심의를 기대하기 어려운 사정에 해당된다."고 판시했다.

필자가 담당했던 사건 중 기피신청이 인용된 경우를 살펴보면

- 위원 중 1인이 과거 가해자의 영어과외 선생님이었던 경우
- 위원 중 1인이 피해자의 어머니와 함께 '계모임'을 하고 있었던 경우
- 위원 중 1인이 가해자의 어머니와 함께 '축구부 운영회' 활동을 하고 있었던 경우가 있고,

기피신청이 기각된 경우를 살펴보면

- 위원 중 1인이 피해자 측과 같은 아파트, 같은 라인에 살고 있었던 경우
- 위원 중 2인이 과거 피해자 측 어머니와 함께 학부모 운영 위원회 활동을 하였던 경우가 있다.

위 결정의 주체는 당시 학교폭력대책자치위원회의 위원들이었고, 무언가 뚜렷한 기준이 있다고 보기에는 어렵다. 다만 필자의 경험상 대부분 기피신청은 '구두'로 진행되었고, 현장에서 위원들이 듣기에 당사자의 신청이 어느 정도 신빙성 있게 들리거나, 위원 1명이 기피신청으로 제외되어도 위원회 구성 및 회의진행에 지장이 없는 경우에는 인용되는 경우가 많았다(위원 1인에 대하여 기피신청을 하면 기피 대상 위원을 제외하고 남은 위원들이 기피신청에 대해 인용해줄지 여부를 다수결로 정하게 된다).

기피신청의 인용률을 높이려면 서면으로 미리 신청서를 작성, 기피원인과 관련된 최소한의 자료를 마련해가는 것이 좋다. 위원회에 일종의 성의를 보이는 것이다. 주변인의 사실확인서라도 상관없다. 앞으로 법 개정 이후 심의위원회는 좀 더 전문적이고 그 결정에 객관성을 요구할 것이므로 눈에 보이는 형식적인 준비 또한 잘 해야 한다.

● 회피 사유

회피는 심의위원회 위원이 스스로 제척사유 혹은 기피사유에 해당된다고 판단되면 알아서 당해사건의 위원에서 **빠**지는 것이다. 보통 제척, 기피, 회피 신청여부를 당사자에게 묻는 시간에, 위원 스스로 일어나 이러이러한 사유로 이번 심의위원회에 본인이 위원으로 의결에 참여하는 것은 부당한 것 같다. (당사자와 '이런저런 이유로 서로 잘 아는 사이다'라는 내용이 많다.) 라는 취지로 이야기하고 심의위원회 회의장에서 퇴장한다. 일종의 위원입장에서의 '양심선언'이라 할 수 있다. 갑자기 위원이 위와 같이 일어나 고백(?)을 하고 퇴장하면 위원회 분위기가 사뭇 비장해 질 때가 있다.

그러나 '회피'는 실무에서 그렇게 많이 사용되지는 않는다. 앞으로 학폭위가 심의위원회 명칭으로 교육청에 이관되면 더욱 활용도 면에서 의미가 없을 것이라 생각한다. 아는 지인일 확률이 희박해지기 때문이다.

분쟁조정 제도

심의위원회에 신청할 수 있는 절차 중 '분쟁조정'이라는 것이 있다.

●●● **학교폭력예방법**

제18조(분쟁조정)

① 심의위원회는 학교폭력과 관련하여 분쟁이 있는 경우에는 그 분쟁을 조정할 수 있다.

② 제1항에 따른 분쟁의 조정기간은 1개월을 넘지 못한다.

③ 학교폭력과 관련한 분쟁조정에는 다음 각 호의 사항을 포함한다.

1. 피해학생과 가해학생 간 또는 그 보호자 간의 손해배상에 관련된 합의조정

2. 그 밖에 심의위원회가 필요하다고 인정하는 사항

분쟁조정제도는 심의위원회 또는 교육감이 학교폭력 가해자, 피해자 사이의 ① 민사상 '손해배상' 및, ② 기타 심의위원회가 필요하다고 인정하는 사항을 '원스탑'으로 중재하여 해결하는 제도이다.

보통은 ①번 '민사상 손해배상'과 관련된 합의를 중간에 중재해 주는 것이 가장 큰 역할이자 제도 존재의 목적이다.

분쟁조정의 주체는 심의위원회[7]와 교육감[8]이며, 가해자와 피해자 측 모두 신청이 가능하다. 방법은 '분쟁조정신청서'를 작성하여 심의위원회나 교육감에게 제출하면 된다.

---

7) 가·피해자가 같은 교육지원청 소속인 경우.

8) 시·도교육청 관할 구역 안의 소속 교육지원청이 다른 학생 간에 분쟁이 있는 경우에는 교육감이 직접 분쟁을 조정하고, 관할 구역을 달리하는 시·도교육청 소속 학교의 학생 간에 분쟁이 있는 경우에는 피해학생을 감독하는 교육감이 가해학생을 감독하는 교육감과의 협의를 거쳐 직접 분쟁을 조정한다.

분쟁조정 신청서

* 사안번호:

학생	성명	(남 / 여)			
	주소				
	소속	학교 학년 반			
보호자	성명		관계	전화번호	
	주소				

신청사유

상기 본인은 위와 같이 분쟁조정을 신청합니다.

신청일: 년   월   일

신청인: (서명)

출처: 2020년 학교폭력 사안처리 가이드북 개정판(교육부, 이화여자대학교 학교폭력예
방연구소)

신청서에는 신청인(주로 학생), 보호자의 인적사항을 적고 신청사유를 적는다. 피해자의 경우 학교폭력으로 인해 지급 받고자 하는 금액(보통 치료비, 요양비, 위자료 등을 모두 포함하여 금액 결정을 하는 것이 좋다)을 적고, 가해자의 경우 본인이 지급할 수 있을 만한 금액을 적어 심의위원회 측에 중재를 요청 한다.

심의위원회 또는 교육감은 분쟁조정 신청을 받으면 '5일 이내'에 분쟁조정을 시작하는 것이 원칙이다(학교폭력예방법 시행령 제27조 제1항).

분쟁조정절차를 진행하여 조정이 성립된 때에는(합의가 이루어진 경우) 심의위원회 또는 교육감은 분쟁당사자의 주소와 명칭, 조정대상의 분쟁내용(분쟁의 경위, 조정의 쟁점), 조정 결과를 적은 합의서를 작성하여 심의위원회의 경우에는 분쟁당사자에게, 교육감의 경우에는 피해/가해 학생 소속 학교의 심의위원회와 분쟁당사자에게 통보하게 된다.

분쟁조정 절차는 합의가 이루어진 경우 및 합의가 이루어지지 않고 1개월이 경과되도록 시간이 지연되는 경우에는 종료된다. 그리고 심의위원회 및 교육감은 분쟁조정이 종료된 경우 종료사유를 각 분쟁당사자에게 통보하게 되어 있다.

보통 분쟁조정은 피해자의 가해자에 대한 '민사상 손해배상청구'를 대체하는 역할을 기대하여 만든 제도이다. 다만 현실에서는 당사자 간의 치료비 금액, 지급방법 등에 대해 정말 견해가 첨예하게 대립되어 합의가 이루어지기 어렵다. 게다가 심의위원회를 진행하면서 감정대립이 심했던 상황이라 합의 분위

기조차 조성되기 어려운 것이 사실이다.

또한 학교폭력 사건으로 인한 민사상 손해배상청구에서 치료비 못지않게 대부분의 금액을 차지하는 것이 '위자료(정신적 피해에 대한 손해배상)'인데 분쟁조정 절차나 이후 이야기할 학교안전공제회를 통해 이 부분을 보전받기란 실질적으로 불가능하다고 봐도 과언이 아니다.

위와 같은 이유로 분쟁조정절차는 크게 활용되고 있지 않으며, 양 당사자 간에 금전부분에 있어서 합의가 이루어지는 경우에도 심의위원회의 분쟁조정절차를 이용하지 않고, 심의위원회가 개최되기 이전 외부에서 (합의금을 주고) 합의를 진행하여, 합의가 성립되면 합의서(처벌을 원하지 않는다는 의사 표시 포함)를 심의위원회에 바로 제출하는 경우가 많다.

합의서를 제출함으로써 '학교폭력 가해학생 조치별 적용 세부기준'상의 화해정도, 반성정도에 있어 높은 점수를 받아 최종 징계를 낮출 수 있기 때문이다.

조치 결정 및 서면통보

심의위원회 당일 진행 과정

"심의위원회 참석일 이후 약 1주일 만에 교육지원청에서 심의위원회 결과통보서가 왔다. 기용이가 지목한 4명 모두 가해자로 인정되어 징계를 받았다. 1명은 강제전학을, 2명은 각각

출석정지와 학급교체 처분을, 나머지 1명은 서면사과 조치를
받았다. 더불어 각각 가해학생 및 가해학생 부모 특별교육까지
부과되었다. 피해자인 기용이에게는 일시보호 및 심리상담 조
치가 내려졌다."

- 기용이의 사례 5

　학교폭력 신고 후 교내 전담기구의 조사를 마치면, 학교에서
조사한 모든 내용이 심의위원회로 전달되어 심의위원회로부터
언제 참석하라는 '참석통지서'가 온다. 가해자, 피해자 모두가
이날 참석해야 하며 다만 부득이한 사유로 참석이 어려운 경우
'서면의견서' 제출로 갈음할 수 있다. 그러나 특별한 사정이 없
는 한 자녀와 함께 출석할 것을 권유 드린다(단, 자녀가 심리적으
로 진술이 어렵다고 판단될 경우 부모만 참석하는 방법도 있음).
　심의위원회 개최 당일 가해자와 피해자는 분리되어 각자의
대기실에서 순서를 기다리게 된다. 보통 2020. 3. 1. 개정 법 이
전에는 피해자부터 먼저 들어가 위원들과의 문답시간을 가졌
다. 문답시간에는 제한이 없으나 통상 20분 내외로 진행된다고
생각하면 편하다. 다만 학교폭력 사안이 여러 개인 경우, 연루
된 학생들이 많은 경우는 긴 시간이 소요될 수 있으나 문답시
간과 관련하여서는 심의위원회 전권사항이므로 그만하라고 할
때까지 해도 무관하다.
　필자가 추천 드리는 것은 하고 싶은 말은 다하고 오시라는
것이다. 학생 자신이 말을 잘 못한다거나 부모도 경황이 없을

것 같으면 할 말을 적어가도 된다. 하고 싶은 말을 못하고 나왔는데 나중에 받아 본 결과도 좋지 않으면 그 찝찝함은 이루 말할 수 없다. 그러니 하고 싶은 말은 적어서라도 하고 오는 것이 좋다. 다만 지리멸렬한 감정 호소의 반복은 별로 좋은 인상을 주기 어렵다는 것은 명심하자.

진술이 끝나면 결과가 나올 때까지 기다리는 것이 아니라 그냥 집에 돌아가면 된다. 피해자 진술이 끝나면 심의위원회 간사가 가해자 측에게 입장하라고 할 것이고 가해자 측도 진술하고 집에 돌아가면 된다.

양측이 모두 퇴장하면 그때부터 위원들 사이의 심의(징계 및 보호조치 결정)가 시작되는 것이다. 따라서 심의위원회 당일 가·피해자는 만날 일이 없다. 긴장하지 않아도 된다.

심의 이후 위원들은 가해자에게는 '징계결정'을 하고 피해자에게는 알맞은 '보호조치'를 결정하게 된다.

가해학생에 대한 조치

징계 종류

가해자의 징계로는 가장 약한 징계인 '서면사과'부터 가장 중한 징계인 '퇴학처분'까지 총 9가지가 존재한다.

17조(가해학생에 대한 조치) ① 심의위원회는 피해학생의 보호와 가해학생의 선도·교육을 위하여 가해학생에 대하여 다음 각 호의 어느 하나에 해당하는 조치(수 개의 조치를 병과하는 경우를 포함한다)를 할 것을 교육장에게 요청하여야 하며, 각 조치별 적용 기준은 대통령령으로 정한다. 다만, 퇴학처분은 의무교육과정에 있는 가해학생에 대하여는 적용하지 아니한다.

1. 피해학생에 대한 서면사과
2. 피해학생 및 신고·고발 학생에 대한 접촉, 협박 및 보복행위의 금지
3. 학교에서의 봉사
4. 사회봉사
5. 학내외 전문가에 의한 특별 교육이수 또는 심리치료
6. 출석정지
7. 학급교체
8. 전학
9. 퇴학처분

● 서면사과(제1호)

서면사과는 말 그대로 가해학생이 피해학생에게 서면으로 사과문을 작성하여 보내라는 조치이다. 통상 가해자가 피해자에 대한 사과문을 써서 학교 측에 제출하면 학교 측이 이를 피해자에게 전달하는 방식으로 운영된다.

서면사과는 징계라기보다는 다소 상징적인 의미가 강하다. 특히나 2020. 3. 1. 법 개정 이전에는 가해자가 서면사과 조치

를 처음 받아도 바로 생활기록부에 기재를 하여 그나마 의미가 있다 할 수 있었지만 법 개정 이후에는 1회에 한하여 1, 2, 3호 징계조치를 받은 경우 학생생활기록부에 기재되지 않으므로 그냥 사과문만 작성하고 끝내면 된다.

그런데 재미있는 것은 서면사과 조치를 받은 가해학생이 실제 이에 따르지 않더라도 현행법상은 이를 강제할 수가 없다는 것이다. 이건 법 개정 전이나 이후에나 마찬가지이다.

왜냐하면 학교폭력예방법 제17조 제11항에서는 심의위원회에서 결정된 2호~9호 조치를 가해학생이 이행하지 않는 경우 심의위원회에서 추가로 교육장에게 다른 조치를 부과하도록 요청하는 것이 가능하나 1호 조치인 서면사과(1호 조치)는 여기에서 아예 제외되어 있기 때문이다.

그렇다면 왜 이런 규정이 있을까? 왜냐하면 이는 헌법상 보장된 개인의 '양심의 자유' 내지는 '표현의 자유'의 영역이기 때문이다. 내가 별로 사과를 하고 싶은 마음이 없는데 억지로 사과를 해야 한다면 그 또한 사람의 기본권 침해가 될 수 있다는 생각에 기반하고 있다. 어이가 없을 수 있지만 사실이 그렇다.

● 접촉, 협박 및 보복행위의 금지(제2호)

2호 조치인 '접촉, 협박 및 보복행위의 금지' 조치는 가해자로 하여금 피해자 및 고발학생에게 접근하지 말라는 것이다. 일종의 '부가형'(위원들이 필요하다고 생각되는 경우 총점과 상관없이 부과하는 조치, 총점 산정방식에 대해서는 이후 살펴본다)의 성격이 강하다. 즉 가·피해학생들끼리의 추가적인 학교폭력 사태를 예방하고자 서로의 접촉을 막는 것이다.

● 교내 봉사(제3호)

학교 내에서 봉사를 시키는 것이다. 대표적으로 교내 화단정리, 화장실 청소, 교구 정리 등의 활동을 하게 된다. 얼마나 교내봉사를 시킬 것인지는 징계 결정 시심의위원회에서 정한다. 통상 20시간 이상을 넘기지는 않는다. 여기까지(3호 조치)를 흔히 '경미한 조치'라고 한다. 1, 2, 3호 징계조치를 처음 받은 경우에는 이를 이행하였다면 생활기록부에 그 내용이 기재되지 않는다. 다만 또다시 학교폭력의 가해자가 되어 심의위원회에서 징계조치를 받는 경우 예전 것까지 소급해서 함께 기재됨을 유의해야 한다.[9]

● 사회봉사(제4호)

학교에서의 봉사가 아닌 학교 밖 행정기관 혹은 공공기관에서 봉사를 시키는 것이다. 예를 들어 지역 공원 환경미화, 교통안내, 도서관 업무보조, 노인정 및 장애복지시설 봉사활동과 같은 것을 해야 한다. 마찬가지로 봉사시간도 심의위원회에서 정한다.

사회봉사는 학교의 지시에 따라 봉사를 할 수 있는 기관을

---

9) , 초등학생의 경우 조치를 받은 날로부터 3년이 지난 후 다시 가해자가 되면 이전 1, 2, 3호 조치는 소급해서 기재되지 않음을 유의

신청하여 기다렸다가 해야 한다. 통상 서울의 경우 대기 시간이 상당하다. 또한 사회봉사 조치부터는 처음 학교폭력에 연루되었던 학생일지라도 바로 생활기록부에 그 징계가 기재 됨을 유의하여야 한다.

● 특별교육(제5호)

위 제5호의 '특별교육' 또는 '심리치료'는 점수산정에 의한 독립된 징계로서 나오는 경우가 있고, 2호 조치와 같이 '부가형'으로 나오는 경우도 있다(2호부터 4호, 6호부터 8호까지의 징계 결정이 있을 때 필수적으로 따라옴. 학교폭력예방법 제17조 제3항). 그 시간도 심의위원회에서 정한다. 특별교육의 경우에는 학생의 보호자도 함께 교육을 받아야 한다(학교폭력예방법 제17조 제9항). 학부모가 교육에 참여하지 않으면 약 300만 원의 과태료를 물어야 하니 상당히 강제력이 강하다.

● 출석정지(제6호)

말 그대로 가해학생을 격리시키기 위해 일정기간 학교에 나오지 못하게 하는 것이다. 통상 '10일'을 전후로 많이 지정하는 편이다. 가뜩이나 나가기 싫었는데 학교를 나오지 말라니 좋아하는 학생들도 있을 수 있겠다. 학교에서 나오지 말라고 해서 안 나가는 거니 출결에도 별 문제가 없다고 생각할 수 있다.

그러나 출석정지 기간은 '출석일수'에 산입하지 않는다. 즉 학교생활기록부에 '무단결석'으로 기재된다. 또한 일반 초, 중,

고등학교의 경우 1년에 결석일수가 통상 60일이 넘으면 유급이 된다. 출석일수가 모자란 학생이 갑자기 심의위원회에서 출석정지 조치를 받게 되면 무단결석이 되어 유급을 당할 여지도 있다. 따라서 마냥 좋아할 일은 아니다.

생활기록부의 징계 기재는 징계의 경중에 따라 삭제된다. 후술하겠지만 졸업과 ① 동시에 삭제되는 유형, ② 졸업일로부터 2년 후 삭제되는 유형, ③ 삭제가 안 되는 유형이 있는데, 출석정지는 졸업일로부터 2년 후에 삭제되는 유형이다. 따라서 졸업 후 2년이 지나면 '출석정지' 징계를 받았다는 사실 자체는 사라지나 당시 해당 조치로 인해 10일 전후로 '무단결석'을 했던 사실은 계속 남을 수밖에 없다.

학교생활기록부는 2005년 이전까지는 전산기록의 경우 당해 학생이 졸업한 해로부터 50년간, 출력물은 10년간 당해 학교에서 보관하는 것이 원칙이었으나 2005년 이후부터는 준영구보존하는 것으로 개정되었다. 실제 요즘은 생활기록부를 출력하지 않고 전산상으로만 기록하므로 '출석정지' 징계 조치로 인해 무단결석을 했었다는 기록은 평생 남게 되는 것이다.

● 학급교체(제7호)

가해학생과 피해학생을 분리시키기 위한 조치이다. 생활기록부에 바로 기재될 뿐만 아니라 심의위원회 징계로 인해 가해자가 다른 반에 옮겨 갈 경우 새로운 반에서 문제아로 '낙인'을 찍히는 경우가 종종 있어 실질적인 스트레스가 상당하다. 이러한 이유로 가해학생이 새로운 반에서 적응을 못하는 경우를 많이 보았다. 특히나 이러한 현상은 초등학생인 경우 더욱 심하기 때문에(생각해보라 초등학생 시절 이름만 가지고도 수십 가지 방법으로 놀리던 시절이 아닌가) 심의위원회에서 징계결정에 학생들의 연령이나 성향까지도 고려해야 한다고 생각한다.

● 전학조치(제8호)

학급교체는 쉬는 시간 화장실 혹은 운동장, 하굣길에 가·피해학생이 마주칠 확률이 많아 '완전한 분리'가 이루어졌다고는 보기 어렵다. 피해자 입장에서는 가해자를 교내에서 마주친다면 스트레스가 상당할 것이다. 특히나 폭행, 상해, 공갈, 강요 사건 등 가해자가 지속적으로 피해자를 일방적으로 괴롭혀온 상황이라면 더욱 두려움이 클 수밖에 없다.

반면 전학은 아예 가해학생을 다른 학교로 보내버리는 것이므로 좀 더 완전한 분리에 해당하며, 전학징계조치를 받은 경우 상급학교 진학 시에도 교육감은 두 학생을 같은 학교에 배정할 수 없게 된다. 즉 평생 학교에서는 마주치지 않는 일종의 '보장'을 받는 셈이다.

가해학생이 받게 될 스트레스는 상당할 것이다. 당장 등·하교길이 멀어지고(지역 실정에 따라 달라질 수 있으나 고등학교의 경우 피해자 학교 반경 10km에 들어오지 못하도록 학교배정을 하는 것이 원칙이다). 새 학교의 교사들도 전학 온 이유를 모두 알게 되므로 눈총을 받을 여지가 있다. 당연히 생활기록부에도 기재가 된다.

피해자 부모들을 상담할 때, "그럼 가해학생에게 어떠한 조치가 내려지기를 원하시나요?"라고 물으면 10명 중 여섯, 일곱 명은 "강제전학"이라고 한다. 그만큼 내 아이를 가해자로부터 떼어내고 싶은 마음이리라. 다만 후술하겠지만 학교폭력의 징계결정은 주먹구구식으로 결정되는 것이 아니라 법에서 정한 점수산정 방식을 통해 이루어진다. 원하시는 바를 다 들어드릴 수 있으면 일을 하는 변호사도 좋겠지만 또 한편으로는 '가해자도 아직 학생인데..'라는 생각이 들기도 한다.

학교폭력 가해자는 무조건 나쁜 아이이고 크게 벌을 받아야 한다는 사회적 편견이 있다. 특히 공인의 경우 과거에 학교폭력에 가담했다는 주장만 나와도 사실 확인 없이 사회적으로 퇴출되기도 한다. 학교폭력 문제는 아이들 간의 문제를 넘어 그 이후로도 쫓아다니게 될 민감한 사안이라는 걸 현장에서 피부로 느낀다.

잘못한 가해자가 벌을 받아야 한다는 것은 100% 동의한다. 그러나 사실을 마주하면 절반 정도 생각을 뒤로 미루게 된다. 이제껏 학교폭력 관련 업무를 하면서 많은 가해학생들을 만나 보았지만 영화에서 나올 법한 극악무도한, 사이코패스와 같은 가해자는 단 한번도 본 일이 없다. 이야기를 나눠보면 (물론 피해자에게는 너무나도 두려운 존재임을 알고 있다) 대부분 10대였고 미처 자라지 못한 아이들, 학생이었다. 미숙해서, 아직 주변이 자신보다 커보여서 이리저리 쓸려 다니다 보니 필자 앞에 앉아 있게 된 경우가 많았다. '질풍노도의 시기'라는 교과서에서 배운 단어를 생각보다 자주, 직접 만나고 있다.

● 퇴학조치(제9호)

퇴학조치는 가해학생을 선도, 교화할 수 없다고 판단될 때 학생을 학교에서 아예 배출해버리는 것이다. 즉 손을 놓는 것이다. 다만 초중등교육법상의 의무교육과정 초, 중학생에게는 할 수 없고(따라서 초중등학생의 경우에는 '전학' 조치가 가장 중한 징계이다), 고등학생에게만 부과할 수 있다. 퇴학조치를 받은 고등학생은 실질적으로 다른 학교로의 입학이 어렵다. 고등교육과정을 마치려면 검정고시를 봐야만 한다.

징계의 결정방법

가해학생에 대한 징계결정은 심의위원회 위원들이 아래와 같은 「학교폭력 가해학생 조치별 적용 세부기준 고시」(교육부고시 제2020-218호, 2020. 2. 25., 일부개정)라는 가이드라인에 따라 점수를 계산하고 점수의 가감사유를 반영하여 정하게 된다. 중요한 부분이므로 전반적인 지식이 필요하다. 이하의 내용을 표를 참고하며 잘 읽어보기 바란다.

[별표] 학교폭력 가해학생 조치별 적용 세부 기준

			기본 판단요소					부가적 판단요소	
			학교폭력의 심각성	학교폭력의 지속성	학교폭력의 고의성	가해학생의 반성정도	화해정도	해당 조치로 인한 가해학생의 선도 가능성	피해학생이 장애학생 인지 여부
판정 점수		4점	매우 높음	매우 높음	매우 높음	없음	없음	해당 점수에 따른 조치에도 불구하고 가해학생의 선도가능성 및 피해학생의 보호를 고려하여 시행령제14조 제5항에 따라 학교폭력 대책자치위원회 출석위원 과반수의 찬성으로 가해학생에 대한 조치를 가중 또는 경감할 수 있음	피해학생이 장애학생인 경우 가해학생에 대한 조치를 가중할 수 있음
		3점	높음	높음	높음	낮음	낮음		
		2점	보통	보통	보통	보통	보통		
		1점	낮음	낮음	낮음	높음	높음		
		0점	없음	없음	없음	매우 높음	매우 높음		
가해학생에 대한 조치	교내 선도	1호 피해학생에 대한 서면사과	1~3점						
		2호 피해학생 및 신고·고발학생에 대한 접촉, 협박 및 보복행위의 금지	피해학생 및 신고·고발학생의 보호에 필요하다고 자치위원회가 의결할 경우						
		3호 학교에서의 봉사	4~6점						
	외부기관 연계 선도	4호 사회봉사	7~9점						
		5호 학내외 전문가에 의한 특별 교육이수 또는 심리치료	가해학생 선도·교육에 필요하다고 자치위원회가 의결할 경우						
	교육환경 변화 교내	6호 출석정지	10~12점						
		7호 학급교체	13~15점						
	교외	8호 전학	16~20점						
		9호 퇴학처분	16~20점						

기본 판단요소

표 상단에 나와 있는 학교폭력의 '① 심각성, ② 지속성, ③ 고의성, ④ 가해학생 반성정도, ⑤ 화해정도'가 판단의 기본 요소이다. 이에 대한 각 항목별 판정점수를(0점부터 4점까지) 위원들끼리 협의하여 결정하고 다섯 항목의 점수를 모두 더하여 총점을 매기고 총점에 맞는 징계를 결정하는 것이 기본 구조이다.

예를 들어 학교폭력의 내용이 '심각한 집단 구타 내지 폭행'이었고 피해자의 부상정도가 전치 4~5주 정도가 나온 경우 〈심각성〉에 대한 점수는 '매우 높음'으로 가야 할 것이다. 그렇다면 심각성 점수는 4점이다.

〈지속성〉은 말 그대로 학교폭력이 1회에 그쳤던 것인지, 아니면 꽤 오랫동안 지속된 것인지와 관련된 것이다. 통상 가해자의 피해자에 대한 학교폭력 가해행위가 처음이었다면 지속성은 0~1점 정도가 부과될 것이다. 그러나 통상 3회 이상이거나 가해행위가 학기 초부터 시작되었다(보통은 예전부터 괴롭혔다는 신고내용이 많다)는 주장이 많고 어느 정도 사실이 소명된다면 3점 이상을 받게 될 것이다.

〈고의성〉 또한 학교폭력이 고의로 행해진 것인지, 아니면 과실로 인한 것이었는지, 그것도 아니면 단순한 방조 내지는 구경에 그쳤던 것인지와 관련된 항목이다. 폭행이나 상해, 공갈의 고의성은 '매우 높음'으로 평가받기 쉽다. 고의성 평가가 애매한데 자주 일어나는 사안이 명예훼손이나 모욕, 집단 따돌림(왕따)과 같은 것이다. 대부분의 가해자가 고의가 아니었음을 주장하기가 쉽기 때문이다. "저는 그럴 의도로 뒷담화(명예훼손 내지는 모욕)한 건 아닌데요", "저는 일부러 ○○를 따돌린 적은 없는데요, 자기 혼자 그렇게 생각하는 것 같은데요."라는 이야기가 제일 먼저 나온다. 위원들 입장에서는 나와 있는 여러 가지 정황에 근거하여 고의성 유무를 유추할 수밖에 없다.

〈반성정도〉는 가해자가 얼마나 사안에 대해 인정하고 반성하고 있는지를 보는 것이다. 반성은 후술하게 될 '선도가능성'과 관련이 있는 부분이기도 하다. 반성을 열심히 하면 선도가능성이 높다고 볼 여지가 많기 때문이다.

통상 심의위원회에 참석하여 진술 시 본인의 잘못을 인정하고 '죄송하다 다시는 이러한 일이 없을 것이다.'라는 취지로 진술하면 반성정도에서의 점수는 좋게 받을 수 있다. 다만 '나는 그런 적이 없다던가, 고의가 아니었다.'는 식으로 진술하면 신고내용을 부인하는 것이 되고 그렇게 되면 반성을 안 한다고 생각하는지 점수가 나쁘게 나오는 경우를 많이 보았다. 따라서 상황판단을 잘 해야 한다. 피해자의 신고내용 중 다소 다른 부분이 있더라도 전반적으로 인정하고 반성하는 모습을 보여야 할지, 아니면 피해자의 주장이 사실과 너무나 다르고 이를 그대로 인정하기에는 억울함이 크다고 판단되어 (반성 점수에서 손해를 좀 보더라도) 이를 적극적으로 다투는 것이 좋을지를 말이다.

더하여 '가해학생이 지금 반성을 하고 있느냐'는 전적으로 심의위원들이 느끼는 주관적인 영역이어서 이를 객관화된 점수로 하여 징계결정에 반영하는 것이 옳은 것인지에 대한 비판도 많다. 귀에 걸면 귀걸이 코에 걸면 코걸이 식의 점수산정이 가능한 영역이기 때문이다.

〈화해정도〉는 피해자와 어느 정도 화해가 이루어졌나를 보는 항목이다. 당연히 피해자와 화해가 잘 이루어져 피해자가 심의위원회에 참여하여 '(가해자를) 크게 처벌하고자 하는 의사가 없다'라고 이야기하든지 아니면 피해자 측과 '합의서'를 작성하여 제출한다면 거의 0점을 받게 될 확률이 높다.

다만 대부분 심의위원회까지 오는 상황이라면 양당사자가 화해하는 경우는 거의 없다고 봐도 무방하다. 이미 서로 간에 적대적인 마음일 가능성이 크고 형사사건을 동시에 진행하고 있는 경우도 적지 않다. 또한 요즘은 개인정보보호 때문에 학교에서도 피해자 측의 동의 없이는 연락처 내지는 주소를 알려주지 않아 가해자가 화해를 하려고 해도 피해자 측과 접촉할 수 있는 방법이 없다.

그럼에도 불구하고 만약 가해자가 피해자의 연락처나 집 주소를 운 좋게 안다면 적극적으로 화해의 제스처를 취하는 것이 화해점수에 도움이 될 수 있다. 전화나 문자, 카카오톡으로 화해의 의사를 내비침과 동시에 피해자 측에 발생한 손해가 있다면 전보하겠다는 이야기를 건네 놓는 것이다. 이러한 자료를 심의위원회 측에 제출이 가능하다.

다만 심의위원회에 임박하여 화해점수를 잘 받을 요량으로 진정성 없는 사과를 하는 것은 지양해야 한다. 실제 이러한 사례가 매우 많아 피해자 측에서 이를 점수산정에 배제해 달라는 의견을 심의위원회 측에 자주 표명하고 있다.

덧붙여 마지막으로 유념할 것은 각 항목당 점수를 정하는 방식이다. 통상 위원들이 0점부터 4점까지 각 항목당 점수를 정하고 이를 평균 내는 방식을 생각할 수 있으나 그렇지 않다.

한 위원이 "심각성 점수는 0점으로 하는 것이 어떨까요?"라고 이야기하고 이에 큰 이의가 없으면 다수결(참석위원의 과반 이상 동의)로 정해지는 방식이다. 어느 학교는 각 위원의 점수를 평균 내는 방식을 택하기도 하고 어떤 학교는 후자(다수결)의 방식을 택하기도 하는데 교육부에서 배포한 가이드라인에 따르면 후자가 맞는 방법이다.

그러나 전자가 더 합리적인 방법이 아닌가 생각한다. 각 위원별로 항목당 점수를 내고 이를 평균 내어 나온 숫자를 반올림하여 딱 떨어진 점수로 산정한다면 그게 더 낫지 않나 생각한다. 아무래도 회의 진행에 더 주도적인 위원이 있을 수 있고, 사안에 대해 주관이 뚜렷하지 않은 위원은 그 주도적인 위원의 발언에 휩쓸려 가기가 쉽기 때문이다.

부가적 판단요소

기본 판단 점수가 정해졌다면 각 항목당 점수를 모두 더한다. 그리고 그 총점에 부가적 판단요소인 (가해자의) '선도가능성'과 (피해자의) '장애 해당 여부'를 살펴보아 점수를 감산 또는 가산하는 절차를 거치게 된다.

가령 학교 운동장에서 A라는 학생이 B라는 학생과 축구경기를 하다가 감정이 격해져서 시비가 붙었다. B의 깊은 태클이 원인이었다. 이에 A가 B의 눈 주변을 자신의 오른손 주먹으로 1회 가격했다고 가정해보자. B는 안와골절이 되어 전치 4주의 상해가 발생하였다. 둘은 원래 서로 알던 사이는 아니었다. 다만 가해자 측에서 사과하고 치료비를 모두 물어주었다고 하자.

학교폭력의 심각성은 3점, 고의성은 4점, 지속성은 1점, 반성 및 화해정도는 각 2점이라 한다면 총 점수는 '12점'으로 위 '가해학생 조치별 적용세부기준'상 '출석정지(10점~12점)' 6호 조치가 가능한 점수이다.

이 경우 위원들은 부가적 판단요소 즉 ① 가해학생의 선도가 능성과 ② 피해학생이 장애학생인지 여부를 판단하여 선도가능 성이 높은 경우 점수를 낮춰 '사회봉사(4호)'나 '교내봉사(3호)'로 징계결정을 할 수 있다.

반대로 위 주먹으로 맞은 학생이 장애학생인 경우(단, 장애 인복지법상의 '장애인'에 해당하여야 함), 가해학생 A에 대한 조치 는 가중될 수 있어 학급교체(7호) 내지는 전학(8호)도 가능할 수 있다.

위와 같은 가중 혹은 경감조치는(특히 경감조치인 '선도가능 성') 위원들이 융통성 있게 정하기 마련인데 솔직히 특별한 기준이 없다. 가해학생의 그간의 학교생활 및 위원회에서의 진술 태도를 보고 선도가능성이 있나 여부를 판단하는 것이다. 객관적이지 않아 문제가 많다.

필자의 경험으로는 초등학생 저학년인 경우, 가해자가 성적이 좋은 모범생이라 학교입장에서도 입시를 위한 관리대상이었던 경우, 일방적인 폭행이 아닌 쌍방 폭행(싸움)이었던 경우 선도가능성을 이유로 점수가 감산되는 케이스가 많았다. 물론 위원들이 선도가능성이 높다 하여 비합리적으로 점수를 깎는 것도 보았다. 아예 점수를 다 깎아 '무조치' 결정을 내린 사례도 있었다(특히 학생들이 어린 경우). 선도가능성이 있으면 일정 부분 점수를 깎아줄 수 있기는 하겠지만 그것도 어느 정도의 (감산에 대한) 상한선이 있어야 할 것이다. 입법적인 해결이 필요하다고 생각한다.

피해자에 대한 보호조치

피해자는 학교폭력예방법 제16조상의 '보호조치'를 받게 된다. 피해자의 보호조치는 학교폭력 행위로 인한 학생의 상처를 치유하고 가해학생으로부터 격리시켜 다시 학업에 열중할 수 있는 환경을 만들어 주는 것을 목표로 한다.

> ●●● 학교폭력예방법
>
> 제16조(피해학생의 보호)
> ① 심의위원회는 피해학생의 보호를 위하여 필요하다고 인정하는 때에는 피해학생에 대하여 다음 각 호의 어느 하나에 해당하는 조치(수개의 조치를 병과하는 경우를 포함한다)를 할 것을 교육장(교육장이 없는 경우 제12조 제1항에 따라 조례로 정한 기관의 장으로 한다. 이하 같다)에게 요청할 수 있다. 다만, 학교의 장은 피해학생의 보호를 위하여 긴급하다고 인정하거나 피해학생이 긴급보호의 요청을 하는 경

우에는 제1호, 제2호 및 제6호의 조치를 할 수 있다. 이 경우 학교의 장은 심의위원회에 즉시 보고하여야 한다.

1. 학내외 전문가에 의한 심리상담 및 조언
2. 일시보호
3. 치료 및 치료를 위한 요양
4. 학급교체
5. 삭제 〈2012. 3. 21.〉
6. 그 밖에 피해학생의 보호를 위하여 필요한 조치

종류

- '심리상담 및 조언'은 피해자의 심리적 상처를 치유, 완화하여 정상적인 학업에 복귀하도록 상담서비스를 제공하는 것이다. 교내 보건실, 상담실 또는 Wee센터 등 전문상담 기관에서 진행한다. 기간은 자치위원회에서 정한다.

- '일시보호'는 우려되는 추가 학교폭력을 피하기 위해 피해자를 보건실, 상담실, 가정, 기타 요양기관으로 가해자로부터 분리시키는 것이다. 마찬가지로 기간은 자치위원회에서 정한다.

- '치료 및 치료를 위한 요양'은 폭행 또는 상해에 의해 신체적 피해가 발생한 경우, (혹은 그렇지 않더라도) 폭력행위가 상당하여 정신적 치료를 요하는 경우 병원, 심리상담소,

가정 등에서 요양을 할 수 있게 하는 것이다. 보통 상해진 단서나, 정신과 혹은 심리상담소 소견서를 제출해야 '치료 및 치료를 위한 요양' 인정을 받을 수 있다. 학교장이 보호 조치에 필요한 결석임을 인정하는 경우 그 기간 중 결석은 출석일수에 산입(셈하여 넣다)이 가능하다(학교폭력예방법 제16조 제4항). 따라서 가능하면 진단서나 소견서를 발급 받을 경우 예상되는 치료기간을 명시해 달라고 해야 한다. 학교 측에서도 그걸 보고 출석일수를 인정해 준다.

- '학급교체'는 말 그대로 피해자가 학급을 교체하는 것이다. 가해자의 징계에도 마찬가지로 '학급교체' 징계처분이 있다(학교폭력예방법 제17조 제1항 제7호). 잘못한 사람이 반을 옮겨야지 왜 피해자가 반을 옮겨야 하나 궁금해하시는 분들이 있을 것 같다.

피해자의 보호조치로서의 '학급교체'는 실무적으로 여러 경우에 활용될 수 있다. 예를 들어 가해자가 5~6명이고 피해자가 1명인 경우(가·피해자 모두 같은 반임을 상정), 학교에 같은 학년 학급수가 많이 없다면 피해자를 위해 5~6명의 학급을 모두 옮기는 것은 학교 행정상 불가능하다. 이러한 경우 피해자의 보호조치로서 '학급교체'를 생각해 보는 것이다.

또한 같은 경우, 가해자들의 조치별 적용 기준의 합산 점수가 그리 높지 않아 학급교체 징계조치는 불가한데 피해자가 도무지 가해자들과 같은 반에서 공부할 수 없다는 강한 의사표시를 하는 경우에는 차라리 피해자의 보호조치로서 학급교체 조치를 시행하는 것이 더 나을 수 있다.

- 마지막으로 6호 조치는 '그 밖에 피해학생의 보호를 위하여 필요한 조치'로 상당히 광범위한 것이다. 피해자의 보호를 위해 가능한 기타의 모든 조치를 의미한다. 치료 등을 위한 의료기관에의 연계, 법률구조기관 등에 필요한 협조와 지원요청, 신변보호 지원 등 정형화할 수 없는 모든 조치가 포함된다.

Tip 학교안전공제회 등에 대한 피해자의 치료비 청구

> ●●● 학교폭력예방법
>
> 〈제16조〉
> ⑥ 피해학생이 전문단체나 전문가로부터 제1항 제1호부터 제3호까지의 규정에 따른 상담 등을 받는 데에 사용되는 비용은 가해학생의 보호자가 부담하여야 한다. 다만, 피해학생의 신속한 치료를 위하여 학교의 장 또는 피해학생의 보호자가 원하는 경우에는 「학교안전사고예방 및 보상에 관한 법률」 제15조에 따른 학교안전공제회 또는 시·도교육청이 부담하고 이에 대한 구상권을 행사할 수 있다.

학교폭력 피해자의 신체상 치료비, 정신적 치료비 등은 학교폭력 가해자가 배상해주는 것이 원칙이다. 다만 사안에 따라

누가 피해자이고 가해자인지 여부에 대해 다툼이 있을 수 있고, 가해자에게 당장 금전지급의 의사가 없는 경우 피해자는 금전 문제로 인해 치료를 받을 수 없는 상황도 생길 수 있다.

이러한 상황을 미연에 방지하고 피해자의 신속한 치료를 위하여 학교의 장 또는 피해자의 보호자가 원하는 경우, 학교안전공제회 또는 시·도 교육청이 피해자에 대한 상담 및 치료비용을 부담하고, 이후 가해자의 보호자에게 구상권을 행사할 수 있다. 즉 일단 피해자의 치료비 등을 학교안전공제회 내지는 시·도 교육청이 부담하고 이후 가해자로 확정되는 측에 법률상 구상(청구)을 할 수 있게 하는 것이다.

피해학생의 지원 범위는 ① 교육감이 정한 전문심리상담기관에서 심리상담 및 조언을 받는 데 소요된 비용, ② 교육감이 정한 기관에서 일시보호를 받는 데 소요된 비용, ③ 의료기관 및 약국 등에서 치료 및 치료를 위한 요양을 받거나 의약품을 공급받는 데 드는 비용이 모두 포함된다.

학교폭력 사건으로 인한 피해학생의 상담비, 치료비, 요양비 청구는 '학교안전사고 예방 및 보상에 관한 법률 시행규칙' 별지 제4호 서식(아래 첨부)의 학교폭력 피해 치료비 등 청구서를 작성하여 학교안전공제회에 제출하면 된다.

학교폭력 피해 치료비 등 청구서

(앞쪽)

접수번호		접수일자	처리기간

청구인	성명	(서명 또는 인)	생년월일	
	주소			
	전화번호			
	피공제자와의 관계			
	학교폭력 피해 치료비용 청구에 관한 모든 권한을 위임함			
	위임인	성명		
	대리인	성명		생년월일
		주소		
		전화번호		

공제 가입자	학교명	
	학교장	
	주소	

피공제자	성명		생년월일	
	주소			
	소속			

사고개요 (상세 내용 별지 참조)	발생일시		
	발생장소		
	사고관련자 소속	성명	
	사고경위 및 내용		

청구액	심리상담 및 조언	
	일시보호	
	치료 및 치료를 위한 요양	
	합계	

「학교안전사고 예방 및 보상에 관한 법률」 제53조 제2항에 따라 다음과 같이 치료비 등을 청구합니다.

년   월   일

신청인   (서명 또는 인)

공제회 이사장 귀하

210mm×297mm[백상지(80g/㎡) 또는 중질지(80g/㎡)]

(뒤쪽)

첨부서류	아래 참조	수수료 없 음

청구서 제출 시 참고사항

1. 청구서는 공제가입자(학교장) 또는 학교안전공제회에 제출하여야 합니다.
2. 청구인이 피공제자가 아닐 때에는 청구할 권리가 있음을 증명하는 서류를 첨부하여야 합니다.
3. 대리인에 의하여 신청을 할 때에는 대리인에게 청구행위를 위임하여야 합니다.
4. 청구시 기재란의 지면이 부족하면 별지를 사용할 수 있습니다.
5. 위의 서류 외에도 사고피해의 내용을 증명할 수 있는 서류·도면·사진 등을 첨부할 수 있습니다.

급여종류	청구인 제출서류(각 1부)	비고
심리상담 및 조언	1. 학교폭력관련기관장의 의뢰 확인서 2. 치료기관의 청구서 및 영수증 등 3. 주민등록등본	
일시보호	1. 자치위원회의 요청서 사본 또는 학교장의 확인서 2. 일시보호기관의 청구서 및 영수증 등	
치료 및 치료를 위한 요양	1. 요양급여의 내용을 쓴 의사의 증명서 2. 요양급여 청구서 및 영수증 등 3. 주민등록등본	

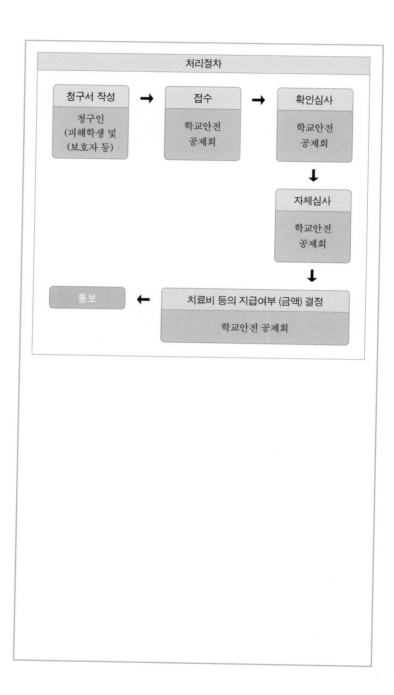

다만 주의해야 할 것이 있다. 통상 학교폭력 사건과 관련하여 가장 큰 비중을 차지하는 것이 정신적 피해에 대한 보상 즉 '위자료' 항목이다(이는 민사상 손해배상청구 소송을 후술할 때 더 자세히 살펴볼 것이다). 그러나 학교안전공제회의 비용청구는 통상 이미 발생한 병원치료비 등에 국한되므로 상대방으로부터 위자료를 받을 수는 없다. 따라서 위자료를 받으려면 '분쟁조정' 절차에서 위자료 부분을 넣어 합의를 하든가, 아니면 민사소송을 진행할 수밖에 없다(민사소송은 현재 발생한 치료비, 향후 치료비, 장애가 발생했다면 일실이익, 위자료 일체를 모두 청구할 수 있다).

결정 통보(서면통보의 원칙)

가해자에 대한 징계 및 피해자를 위한 보호조치가 모두 결정되면 심의위원회는 끝나게 되며, 종료 후 2~3일안에 서면으로 학교 및 가·피해자에게 결정문을 통보하게 되어 있다.

학교폭력대책심의위원회 조치결과 통지서

* 사안번호:

「학교폭력 예방 및 대책에 관한 법률」 제16조, 제17조 조치사항을 다음과 같이 통지합니다.

구분	소속 학교	학년/반	성명
피해학생			
가해학생			

조치원인	20○○. ○. ○. ○○시경 ○학년 ○반 교실에서 ○○○ 학생이 ○○○ 학생을 폭행하여 전치3주 상당의 상해를 입힘. ○○○ 학생은 20○○. ○월부터 ○월까지 지속적으로 ○○○ 학생에 대하여 ○○라고 놀리는 언어폭력, 신체폭행 등의 학교폭력을 행사함 (날짜, 장소, 행위 등을 특정하여 구체적으로 기재하고 내용이 긴 경우 별지 첨부 가능)

조치 결정일	○○○○년 ○월 ○일

조치사항	피해 학생	제16조 제1항 제1호 심리상담 및 조언
	가해 학생	제17조 제1항 제6호 출석정지 ○시간 제17조 제3항에 따른 특별교육이수 ○시간 제17조 제9항에 따른 보호자 특별교육이수 ○시간

불복절차	행정 심판	조치에 대하여 이의가 있는 가·피해학생 또는 그 보호자는 처분이 있음을 알게된 날로부터 90일 이내, 처분이 있었던 날부터 1880일 이내에 행정 심판을 청구할 수 있음(법률 제17조의2 제1항, 제2항)
	행정 소송	조치에 대하여 이의가 있는 가해학생 또는 그 보호자는 처분이 있음을 알게된 날로부터 90일 이내, 처분이 있은 날로부터 1년 이내에 행정소송을 청구할 수 있음(행정소송법 제20호)

(담당자: ○○○, TEL 000-000-0000)

20○○. ○. ○. ○○○

교육장 (직인)

출처: 2018년 학교폭력 사안처리 가이드북 각색(교육부, 이화여자대학교 학교폭력예방연구소)

결정문에는 가해자, 피해자 이름이 각 기재되고, 조치원인(학교폭력사실관계), 조치사항(가해학생 징계, 피해학생 보호조치 내용), 그리고 불복과정에 대한 안내가 적혀있다.

위와 같은 심의위원회 결과 통지서가 도달하면 '그 다음날'부터[10] 불복방법(행정심판, 행정소송)의 기간 도과가 시작됨을 유의하여야 한다. 불복방법 진행 시 처분결과 통지서는 반드시 첨부해야할 서류이므로 잘 보관해야 한다.

심의위원회 관련하여 알아두면 좋을 것들

학교폭력 사건 진행이 처음인 학교도 있다.

이제는 그런 경우가 많이 없어졌지만 2017년 초반까지만 해도 학교폭력 신고접수 및 위원회 개최를 한번도 해보지 않은 학교가 종종 있었다. 서울이나 광역시에 위치한 학교보다 지방 중소도시에 위치한 학교들이 그러한 경우가 많았다.

2020. 3. 1.부터는 학폭위를 심의위원회라는 이름으로 교육(지원)청에서 담당하므로 회의 자체에서는 어느 정도의 전문성이 담보될 것이다. 그러나 학교폭력 신고를 접수하고, 전담기구가 사안을 조사하고, 학교장 자체해결 사안으로 할지 여부를 심의하는 단계까지는 학교가 업무를 수행하므로 경험이 별로

---

10) 이를 '초일불산입의 원칙'(첫날은 산입하지 않는다. 즉 그 다음 날부터 계산한다)이라고 한다. 민법에서의 기간 계산의 방법이다.

없다면 절차진행에 문제가 있을 수 있다.

즉, 학교의 본 업무는 아이들을 가르치는 것이기에 절차 운영이 미흡할 수도 있으니, 뭔가 이상하다고 생각되면 이를 학교 측에 알려야 한다.

"알아서 맞게 해주겠지." 하는 안일한 생각을 하고 있어서는 안된다. 나의 일이고 내 자녀의 일이다. 이 책의 내용을 숙지하여 법령도 한번 찾아보고 잘못된 건 절차대로 해달라고 요구할 수 있어야 한다.

'권리 위에 잠자는 자'라는 말이 있다. 통상 법학에서는 '소멸시효'와 관련해서 나오는 말이다. 가령 돈을 빌려주었는데 10년간 청구하지 않으면 이후에는 아무리 차용증을 작성했어도 금전 반환을 요구할 수 없다(일반 민사 채권의 시효는 10년이기 때문이다). 권리 위에 잠자는 자는 법도 보호해주지 않는다는 점을 명심하자.

심의위원회 결정이 나올 때까지는 학교와 좋은 관계를 유지해야 한다.

어찌 되었던 학교폭력 신고접수 → 전담기구의 조사 → 학교장 자체해결 사안 심의 과정까지는 2020. 3. 1. 법 개정 전과 똑같이 학교에서 담당하게 된다. 특히 '전담기구의 조사' 과정이 결과에 미치는 영향은 지대하다.

따라서 만약 신고 및 조사과정에서 학교 측에 무리한 요구를 하고 학교에 찾아가 소위 말하는 '깽판'을 냈다가는 학교 측에 이미지가 좋을 리가 없다. 이와 같은 상황은 조사과정에서 불리함으로 작용할 수 있고 최종 심의기관인 심의위원회 의결에 영향을 미칠 가능성 또한 상당하다. 학교 측의 사안조사 내용이 심의위원회에 보고되기 때문이다. 따라서 학교에는 법률에 근거하여 정당하게 요구할 것만 요구하면 되고 항상 존중하는 자세를 보여야 한다.

만약 학교 측이 학교폭력 신고 및 조사과정에서 편파적인 태도를 보였다거나, 직무유기를 한 경우, 절차상의 명백한 하자가 있다면 이는 따로 학교를 상대로 민사상 손해배상이나 형사고소, 교육청 감사 요구 등으로 대처할 수 있다. 우선은 심의위원회에서 유리한 결과를 받는 것에 집중하는 것이 좋다.

심의위원회 진술은 피해자부터 시작되며 통상 소요시간은 약 20∼ 30분 정도이다.

심의위원회에서 당사자들의 진술순서나 시간이 법령에 정해진 것은 없다. 그러나 통상 '피해자 측'부터 진술이 시작되며, 들어가면 위원들이 학생, 부모에게 이런저런 질문을 한다. 사실관계에 대한 확인, 가해자와의 종전 관계, 사건 당시 기분이 어땠는지, 현재는 어떤 상황인지, 그 광경을 목격한 사람은 누구인지, 상대방이 반성은 하고 있는지, 상대방과 화해할 의사는 있는지 등을 물어본다.

시간은 보통 20∼30분 정도 진술하고 온다고 생각하면 된다. 2020. 3. 1. 이전 학교폭력위원회로 운영되던 시절에는 예외적으로 문답시간을 대단히 길게 하는 경우도 있었다. 주로 피해자 측이 감정적인 하소연을 하는 경우가 그렇다. 그동안 얼마나 피해를 당해왔으면 불편한 상황을 감수하고 학교폭력 신고까지 하게 되었을까 생각하면 어느 정도 이해가 될 것이다.

또한 아무리 강조해도 지나치지 않을 것이 심의위원회에서의 학생의 대답(진술)이다. 통상 심의위원회에는 부모와 학생이 함께 들어가고 모두 자유롭게 답변은 할 수 있다. 다만 가끔 학부모가 감정적으로 흥분하여 거의 모든 질문에 답변을 하고 아이는 '예, 아니오'로만 대답하는 경우가 있는데 이는 지양하는 것이 좋다.

아이가 진술을 약 70% 정도 하고 부모는 아이가 기억이 흐릿하여 잘 대답하지 못하는 경우 혹은 꼭 부모로서 위원회 측에 알리고 싶은 내용이 있는 경우에 한하여 보조진술을 한다고 생각하는 것이 옳다. 어디까지나 사건의 당사자는 학생이기에 위원들은 학생으로부터 직접 이야기를 듣고 싶어 한다. 학생의 진술이 가장 깊은 울림이 있는 것이다.

학생이든 학부모든, 만약 내가 별로 말주변이 없거나 전달할 사항이 많은 경우 자신이 이야기하고 싶은 것을 미리 적어 와서 그대로 읽는 것도 한 방법이다. 이를 위원회 측에서 제지하지 않는다. 심의위원회는 위원들을 설득하는 과정이므로 성의를 보이는 모습은 나쁠 것이 없다. 다만 지나치게 감정적인 내용만을 장황하게 읊는 것이 별로 효과가 좋지 못하다. 위원들도 사람이기에 신파조의 내용만을 늘어놓는다면 감정적으로 피곤

하지 않겠는가.

진술 시 어디에 강조점을 둘 것인가를 미리 생각해두고 들어가라.

막상 심의위원회에 들어가 보면 위원들이 여러 명 앉아 있고 모두 주목하고 있는 탓에 생각보다 말을 떼기가 쉽지 않다. 많은 학부모님들이 심의위원회 회의장을 나오면서 "생각보다 너무 떨려서 말을 못하겠더라고요."라고 이야기하는 경우를 많이 보았다.

따라서 '내가 다른 말은 못해도 이 말을 꼭 하고 나와야겠다'라는 항목이 있다면 미리 생각해두거나 메모해서 들어가야 한다. 그래야 나중에 심의위원회 끝나고 '변호사님 그때 위원들한테 이걸 말씀드렸어야 했는데 말을 못했어요.'라고 이야기하며 후회하는 일이 없다.

자녀가 진술이 힘들 경우 부모님만 참석도 가능하며, 참석하지 않고 싶은 경우에는 의견을 담은 서류만 제출해도 된다.

자녀가 초등학교 저학년으로 매우 어린 경우나, 성범죄와 관련된 경우, 그 기억을 떠올리기가 힘들어 심의위원회에 참여하여 문답을 진행하기가 어려운 경우가 있다. 그러한 경우 부모님만 참석해도 된다. 단, 사전에 아이에게 최대한 확인을 하여 사실관계 전반을 잘 파악하고 들어가야 할 것이다.

또한 학생, 학부모 모두 아예 참석이 어려운 경우도 있을 수 있다. 이러한 경우 사전에 꼭 의견서를 제출하는 것이 좋다. 불참한다고 해서 법 위반이 아니고 무작정 강한 조치가 나오는 것은 아니다.

그러나 개인적으로는 학생과 부모 모두가 참석하는 것을 추천한다. 위원들로 하여금 당사자의 육성으로 사실관계를 듣게 하고 현재의 심정과 앞으로의 처벌의사, 반성의 의지 등을 직접 말해야 위원들 설득에 더 효과적이기 때문이다. 부모와 학생 아무도 안 나오고 서면만 제출하는 경우, 이미 상대방에게 일정부분 지고 들어가는 것이다. 상대방은 위원들에게 하고 싶은 말을 주저리주저리 다하고 갈 것이기 때문이다. 매우 생동감 있게 말이다.

당일 날 제출할 것을 가져가도 되는가?

심의위원회 당일에도 제출할 의견서나 증거, 진술서 등 각종 자료제출이 가능하다.

다만 가능하다면 최소 하루, 이틀 전이라도 미리 제출할 것을 권한다. 당일 날 제출하게 되면 심의위원회 측도 절차진행에 어려움이 많고(복사해서 위원들에게 모두 나눠줘야 한다), 위원들도 차분히 보기보다는 준비해간 자료를 허겁지겁 볼 수 있기 때문이다. 위원들이 대충 훑어봐서 불이익을 당하는 것은 우리 측이다. 따라서 불가피한 상황이 아니라면 자료는 미리 제출하는 편이 여러모로 좋다.

자료를 무작정 많이 제출한다고 좋은 것은 아니다.

예전 학교폭력위원회를 다른 사람의 조언 없이 혼자 진행하다가 결과가 불만족스러워 불복절차를 하러 오신 분들을 보면, 너무나 방대한 자료를 제출하신 분들이다.

학교폭력 관련 자료는 다다익선이 아니다. 주장사실에 맞는 확실한 증거만 제출하면 된다. 또한 그것도 일견에 알아보기 쉽게 잘 정리해야 한다. 심의위원회 위원들은 하루에도 여러 건의 복잡한 사안을 검토하고 결의해야 한다. 또한 조사를 하는 일선 학교 전담기구 교원들도 업무량이 항상 많은 편이다. 과연 그분들이 당사자가 제출한 무수한 자료들을 꼼꼼히 살펴볼 시간적 여유가 있을까? 저자가 생각하기에 이는 거의 불가능하다.

또한 예전 학교폭력위원회가 학교에서 개최되었던 시절, 간사들은 위원회 시작 바로 전에 위원들에게 양 당사자가 제출한 서류들을 나눠주었고, 위원들이 그때서야 서류와 증거를 검토하는 경우가 많다. 그런데 서류나 증거가 산더미처럼 쌓여있고, 주장사실과 맞지 않은 증거가 많아 읽기가 어렵다면 위원들은 전체적인 열람을 거의 포기할 수밖에 없다. 이는 처음부터 불리하게 심의위원회를 시작하는 것이나 다름없다.

따라서 ① 본인의 주장사실과 관련된, ② 꽤 신빙성 있는 증거만을 추려, ③ 알아보기 쉽게 잘 정리하여 제출해야 한다. 전문가의 도움 없이 심의위원회를 진행할 때 가장 큰 실수가 상관없는 이야기와 이와 관련된 정황증거만을 나열하는 것이다(상관없는 이야기 중에 대표적인 것이 심의위원회 진행과정에서의 학교 측의 잘못, 서운함만 드러내는 것이다. 또한 감정적인 호소에만 집중하는 것. 이는 사안과 직접적인 관련이 없다).

학교폭력의 피해자라면 상대방이 나에게 '이러이러한 가해 행위를 하였다'에 집중하여 그 사실을 입증하고 그로 인한 '피해사실이 어느 정도 발생했음'만을 잘 주장하면 된다. 원래 가해자의 평소 행실이 어땠고, 소위 말하는 '일진'이었고, 그 부모가 사건 후 어떤 태도를 보였고, 담임선생님의 사건 접수 시 태도가 어땠고, 학교가 사안조사를 함에 있어 어떤 점이 서운했고.. 이런 말은 다 불필요하다. 사건과는 큰 관련이 없는 말이다. 그럼에도 불구하고 꼭 이야기해야 직성이 풀리겠다 싶으면 따로 항목을 빼서 '기타 고려 사항'을 만들어 거기에 적는 것이 좋다.

가해자라면 본인 스스로 가해행위를 과연 하였는지 여부, 그렇게 행동한 원인은 무엇 때문이었는지, 사건으로 인해 피해자에게 어떠한 사과 및 반성을 하였는지, 만약 그러한 행위를 하지 않았다면 당시 상황은 어떠했는지에 관해 진술하고 자신의 주장에 부합되는 증거가 있으면 제출하면 된다.

전문위원의 참석요청 활용

사안에 대한 자문을 제공하기 위해 검사, 변호사, 의사, 경찰관 등 전문가가 '전문위원'의 형태로 심의위원회에 참여할 수 있다. 말 그대로 전문가를 초빙하여 이야기를 한번 들어보는 것이다. 위원이 아닌 '전문위원'이기 때문에 당연히 의결권은 없다. 말 그대로 전문가가 참고될 만한 이야기를 해주고 가는 것이다.

일례로 저자가 대리했던 사례 중 '틱 장애'를 가진 여자아이가 학교폭력의 피해자가 된 사안이 있었다. 이때 관할 교육청에서 장애학생지원업무를 수행하는 직원을 파견해준 적이 있다. 다만 전문위원들은 제3자의 입장에서 객관적인 발언만을 해주므로 신청한 본인에게 유리한 말을 해줄지 불리한 말을 해줄지 알 수가 없다.

필자가 진행했던 케이스에서도 교육청에서 파견된 전문위원은 '틱 장애'는 「장애인 등에 대한 특수교육법」 제15조상의 특수교육을 필요로 하는 학생이 아니므로 가해자에게 가점이 불필요하다는 불리한 이야기를 하였다. 따라서 무작정 신청하기보다는 유·불리할 수 있는 상황을 신중히 고려해서 그 활용 여부를 결정해야 한다.

특이한 유형의 학교폭력 사건 대처 노하우

여러 학교 학생들이 연루된 경우 심의위원회의 구성문제

2020. 3. 1. 이전 학교폭력위원회가 학교에서 개최되었을 때에는 가·피해자 학생이 각각 다른 학교의 학생이었던 경우 '공동학교폭력위원회'를 구성하여 심의를 진행하였다. 공동학교

폭력위원회란 각 가해자, 피해자 학교에서 위원을 몇 명씩 선정하여 두 학교에서 공동으로 학교폭력위원회를 구성해 진행하는 형태의 위원회였다.

● ● ● **학교폭력예방법**

제12조(학교폭력대책심의위원회의 설치 · 기능)
① 학교폭력의 예방 및 대책에 관련된 사항을 심의하기 위하여 「지방교육자치에 관한 법률」 제34조 및 「제주특별자치도 설치 및 국제자유도시 조성을 위한 특별법」 제80조에 따른 교육지원청(교육지원청이 없는 경우 해당 시 · 도 조례로 정하는 기관으로 한다. 이하 같다)에 학교폭력대책심의위원회(이하 "심의위원회"라 한다)를 둔다. 다만, 심의위원회 구성에 있어 대통령령으로 정하는 사유가 있는 경우에는 교육감 보고를 거쳐 둘 이상의 교육지원청이 공동으로 심의위원회를 구성할 수 있다.

〈학교폭력예방법 시행령〉
제13조(자치위원회의 설치 및 심의사항) ① 법 제12조제1항 단서에서 "대통령령으로 정하는 사유가 있는 경우"란 학교폭력 피해학생과 가해학생이 각각 다른 교육지원청 소속 학교에 재학 중인 경우를 말한다.

그러나 학교폭력위원회가 심의위원회로 명칭이 변경되고 교육(지원)청에서 개최되면서 이제는 공동심의위원회의 필요성이 많이 적어질 것이다. 왜냐하면 통상 가 · 피해자가 다른 학교에 재학 중인 경우에도 바로 이웃학교이거나 거리상 멀지 않은 학교의 학생들끼리의 문제였으므로 지리적으로 같은 교육(지원)

청 관할일 확률이 매우 높다. 따라서 학생들 소속 학교가 다르더라도 같은 교육(지원)청 산하라면 일반사건과 동일하게 처리될 수 있다.

다만 아예 지역이 다른 경우에는 위 조문에 나와 있듯이 둘 이상의 교육지원청이 공동으로 심의위원회를 구성하여 운영하게 될 것이다.

실질적으로도 공동심의위원회를 구성하여 가해자에 대한 징계조치 및 피해자에 대한 보호조치를 한 번에 결정하는 것이 합당하며 그렇게 해야 조치의 실효성이 담보될 수 있다. 또한 학생 및 부모들이 두 번씩 각 학교 심의위원회에 참석해야 하는 불편함도 덜 수 있을 것이다.

서로 신고하여 '쌍방' 사안이 된 경우

학교폭력 피해자로 학교폭력 신고를 하면 가해자 측이 피해자 측도 (자신에게) 학교폭력 가해행위를 했다며 이른바 '맞신고'를 하는 경우가 많다. 정말 쌍방이 될 만한 상황이면 모르겠지만 대부분의 경우는 보복성 '맞신고'가 의심되기도 한다. 아이들의 괴롭힘은 이미 갑-을 관계가 형성된 경우가 많으므로 어쩌다 충동적으로 싸운 경우가 아니면 보통 가해행위는 일방적이기 마련이다. 그럼에도 불구하고 어떻게든 피해자 측의 트집을 잡아 무조건적으로 맞신고를 하는 가해자가 있다. 이런 경우 피해자 측은 정말 분통을 터트리게 된다.

저자도 피해자 측을 대리하여 신고 및 의견서 작성 등의 절차를 진행하다 보면 예상하지 못했던 맞신고가 들어오는 경우가 많아 곤혹스러웠던 적이 한두 번이 아니다.

쌍방이 된 경우 원칙적으로 각 사안은 별개의 사안이 된다. 예를 들어 A가 B를 가해자로 지목하여 학폭 신고를 하였는데 B도 A가 가해행위를 하였다고 신고를 하게 되면 A가 피해자인 사안 1, A가 가해자인 사안 2 (사안번호도 2020-1, 2020-2 별개의 번호가 붙여짐) 되는 것이다. 종전에는 학교에 따라 학교폭력위원회 개최 시 어차피 당사자가 동일하므로 한 번에 심리하는 경우가 많았으나 철저하게 독립된 사안으로 처리하여 위원회를 같은 날 두 번 개최하는 학교도 있었다. 운영방식은 학교 측의 재량이기 때문이다.

'맞신고' 사안은 상당히 자주 일어난다. 맞신고 사안 발생 시 아래와 같은 요령에 따라 처리하기를 권유드린다.

근거가 있다면 일단은 받아들이고 정황을 설명하라.

만약 실제 적극적인 가해행위를 한 것이 맞고 상대방 측에서 그에 대한 소명자료가 있다면 일단 인정은 하되, 정황적으로 그럴 수밖에 없었던 상황을 잘 설명하는 편이 낫다.

가령 A와 B 학생이 운동장에서 축구경기를 하다가 시비가 붙었다고 하자. A가 와서 다짜고짜 욕을 하며 B 학생을 때렸다. 이에 한두 대 맞던 B도 A에게 이러지 말라고 강하게 '밀치는 행위'를 한두 차례 했다. 이후 B는 자기보다 힘이 세고 덩치도 큰 A에게 몇 대 더 맞았다. 이후 B가 학폭 신고를 하자 A는 B도 자신을 한두 차례 밀쳤다는 이유로 맞신고를 하였다.

　B학생은 상당히 억울할 것이다. 다만 B가 A를 한두 차례 밀쳤던 사실은 있고 A 주변의 친구들도 이를 목격하여 B가 A를 친구들의 진술서도 학교 측에 제출하였다고 하자.

　그렇다면 B는 본인이 "A를 밀쳤다."라는 사실자체를 부인하기는 어려울 것이다. 대신에 정황적으로 먼저 A가 와서 나를 때렸고 자신은 이를 방어하기 위해 소극적 저항으로서 A를 밀쳤다고 주장해야 한다. 이와 같은 행위를 형법에서는 '정당방위'(형법 제21조)라고 한다.[11]

　물론 B가 A를 밀친 행위는 '신체에 대한 유형력의 행사'이므로 형법상의 폭행에 해당한다. 그러나 학교폭력예방법의 가해학생 징계의 취지는 '처벌'이 목적이 아니라 어디까지나 '교화와 선도'에 있다. B의 행위가 과연 선도가 필요한 행위일까? 사람이 맞으면 본능적으로 피하기 위해 반사적인 행동을 하는 것은 당연한 것이 아닌가? 이러한 사정을 주장해야 가해행위 자체는 부인할 수 없을지언정 학교폭력예방법상의 '가해자'가 되는 것을 피할 수 있다.

상대방의 주장에 근거가 없다면 소명자료를 요청하라.

　많은 경우의 맞학폭신고는 '추정'이나 '예측'에 불과한 경우가 많다. 상대방의 학폭신고에 대응하기 위한 '긁어 부스럼'인 경

---

11) 형법 제21조(정당방위) ① 자기 또는 타인의 법익에 대한 현재의 부당한 침해를 방위하기 위한 행위는 상당한 이유가 있는 때에는 벌하지 아니한다.

우나 복수심에 하는 경우이다. 이러한 경우 주장 자체로 '억측'인 경우가 많으며 확인되지 않은 사실들로만 구성된 본인들의 추측에 불과한 경우가 많다.

이러한 경우, 증거 혹은 소명자료를 요청해야 하며, 심의위원회에 확인되지 않는 주장은 반드시 배척해줄 것을 언급해야 한다. 또한 증거가 있는 경우라도 과연 그 증명력이 있는 증거인지(증명력이란 '증거로서의 가치'를 말함) 여부를 다뤄야 한다.

가령 피해자가 1명이고 가해자가 2명인 학교폭력 사건에서 한 가해자에 대한 다른 가해자의 유리한 진술서는 증거가 맞기는 하지만 증거로서의 가치, 즉 증명력이 높다고 볼 수는 없는 것이다. 왜냐하면 어차피 둘은 현재 동일한 피해자로부터 신고를 당한 같은 입장이기 때문에 서로에게 유리한 진술을 해줄 것임이 충분히 예상되기 때문이다. 이런 점을 꼬집을 수 있어야 한다.

일반적으로 가해자와 '친한 관계에 있었음'을 강조해서는 안 된다.

피해자 입장에서 학교폭력의 제일 좋은 구도는(즉 가해자가 제일 크게 처벌되는 구도) 가해자와 이전에는 별로 친하지도 않았는데, 가해자가 피해자에게 갑작스럽게 가해행위를 한 경우이다.

서로 친했다면 문제가 생겼을 경우 '다툼'이라는 것이 보통 있기 마련이고 그 과정에서 서로 주고받는 가해행위가 있을 확률이 상대적으로 높다. 따라서 심의위원회 위원들도 "서로 친

한 관계였는데 한쪽에만 원인제공이 있지는 않겠지"라고 생각
하는 경우가 은근히 많다.

이는 비단 '쌍방 학폭 신고' 사안에서만 적용되는 이야기가
아니다. 피해자 측에서는 보통 가해자 측에게 엄중한 징계가
나오길 원하는데, 심의위원회 참관을 하다보면 피해자 측 학생
과 학부모가 "전에는 OO랑 매우 친한 사이였는데 언제부터인가
가해행위를 했어요"라고 진술하는 경우가 많다. 설령 그것이
사실이라 해도 이러한 진술을 있는 그대로 하는 것은 가해자를
강하게 처벌하려는 입장에서는 도움이 되지도 않는 진술이다.

이렇게 진술한 경우 쌍방으로 될 확률이 높아지고, 이후 '가
해자 조치별 적용기준'상 화해가능성이 높다고 판단될 여지가
있기 때문이다(예전에 둘 간의 관계가 친밀했다고 하면 학교 입장에
서는 어떻게든 양 당사자의 관계를 봉합하려 하는 것이 일반적이다).

따라서 실제 친했던 사이였더라도 "약간의 친분이 있는 정도
였다." 혹은 "친해지는 단계에 있었다." 정도로만 정리하는 것
이 유리한 진술이다.

'무리' vs '무리'의 싸움 구도로 가서는 안 된다.

"1반에는 미래가 있습니다. 1반 친구들 몇 명이 미래에게 '집
단 따돌림'을 행하고 있습니다. 이에 미래는 매우 힘들어 2반
이나 3반에 친한 친구들에게 이와 같은 사실을 토로하였습니
다. 물론 2, 3반의 친구들은 위로하면서 미래의 편을 들게 됩
니다. 또한 옆 반이기 때문에 미래의 친구들과 1반의 가해학생

들은 복도에서도 많이 마주치겠지요? 2, 3반 미래의 친구들이 1반 가해학생에 대한 시선이 고울 리가 없습니다. 이런 상황에서 미래가 참다못해 학폭 신고를 하게 되었습니다.

그러자 1반 가해학생들은 미래와 친한 2, 3반 학생들도 자신들을 째려보고 '어깨빵(지나가다가 어깨로 어깨를 부딪치는 행위)'을 하려했다라는 혐의로 몇 명을 가해자로 지목하여 '맞학폭신고'를 하였습니다."

이렇게 가해자 측이 본인들의 '무리'와 미래의 '무리' 간의 다툼으로 구도를 몰고 간다면, 실제 미래는 온전한 피해자인데 '가해자'로 몰릴 확률이 높아진다.

'무리대 무리의 다툼'으로 양상이 흘러가면 서로 간의 다툼에는 통상 가해행위가 교환될 것이라 예측할 수 있고, 보통 위원회에서 그러한 심증이 형성되면 쌍방이 될 가능성이 높다. 일이 잘못되어지면 미래는 온전한 피해자임에도 불구하고 1, 2, 3호 조치 이내의 경미한 징계를 받을 여지도 있다.

따라서 미래에게 유리한 것은 가해자들이 피해자인 본인 1명을 상대로 일방적으로 학교폭력 행위를 가한 구도로 가는 것이다. 이러한 개념형성이 이루어질 수 있도록 전담기구 조사 시 학교에 위와 같은 프레임을 제시할 수 있어야 한다.

가해행위의 원인이 무엇인지 심의위원회 전에 정확히 정리하고 들어가야 한다.

학교폭력 위원회 참관을 해보면 위원들의 단골질문이 있다. "미래 양은 그러면 왜 친구들이 따돌리기 시작한 것 같나요? 그 이유가 무엇일까요?" 바로 가해학생들의 가해원인을 찾기 위한 질문이다. 보통 이렇게 질문을 받으면 답변하기가 참 어렵다.

피해학생 입장에서 왜 아이들이 나를 따돌리고 때리기 시작했는지 명확히 알 수 없는 경우가 대부분이기 때문이다. 아마 정확히 알았다면 해결하려 본인 스스로 열심히 노력했을 것이다.

따라서 심의위원회에 들어가기 전 이러한 질문에 대한 대비를 잘해야 한다. 왜 가해행위를 나에게 시작했는지를 명확히 제시하지 못하면 위원들은 원인 제공에 피해자도 어느 정도 기여를 했다고 생각할 가능성이 높기 때문이다. '아니 땐 굴뚝에 연기나지 않는다'라는 생각이 아닐까. 즉 또다시 단순한 쌍방 '다툼'의 구도로 가게 될 확률이 높아지는 것이다.

따라서 심의위원회에 가기 전에 (비록 정확하지는 않더라도) "이러이러한 이유 때문에 나에 대한 미움과 가해행위가 시작된 것 같다."라는 명확한 답변(보통 그 책임소재를 온전히 가해행위자에게 두는 답변을 준비해야 할 것이다)을 마련해 두는 것이 좋다.

성범죄 사건

초·중·고등학교 학생들의 성범죄 사건 또한 계속 늘어나고 있는 추세이다. 저자에게 상담받으러 오는 사안만 봐도 학생들 상호 간의 강제추행 사건이 상당히 많고 간혹 준강간이나 강간, 강간미수와 같은 무거운 사례들도 보인다.

A, B, C, D, E, F 6명은 SNS를 통해 알게 된 근처 중·고등학교 남녀학생들로 함께 멀티방(노래방, 게임방 등을 합쳐 놓은 오락시설)에 가서 놀기로 했다. 원래 술 반입이 되지 않지만 몰래 술을 가지고 들어갔고 노래를 부르고 게임을 하면서 술을 많이 마셔 만취상태가 되었다. 특히 벌주를 많이 마신 D 양은 거의 인사불성 상태가 되었고 남학생 A는 친구들에게 잠깐 나가있으라고 말을 한 후 그곳에서 D 양과 성관계를 가졌다.

- 준강간 사례

A 남학생과 B 여학생은 같은 초등학교 6학년에 다니는 학우이다. B 여학생은 신체발육이 좋은 편이라 5학년 때부터 브래지어 속옷을 착용하였고 생리도 5학년 때부터 시작하였다. B 여학생은 다소 내성적인 성격으로 친구가 많지 않은 편이었다. A 남학생은 B 여학생과 툭툭 치며 장난을 줄곧 쳐왔는데 처음에는 팔뚝이나 어깨 부분을 치다가 점차 가슴과 허벅지 부분을 때리기도 하였고 엉덩이를 움켜쥐기도 하는 등의 행위를 수차례 반복하였다.

- 강제추행 사례

C 남학생은 등교 후 선생님에게 핸드폰을 제출하지 않고 그

대로 가지고 있었다. C 남학생과 같은 반에 있는 D 여학생은 반에서 아이들로부터 은따(은근한 따돌림)를 당하고 있는 학생이었는데 C 남학생은 왠지 D 여학생을 놀리고 싶다는 생각이 들었다. 이에 D 여학생이 화장실을 가는 것을 보고는 몰래 따라 들어가 D 여학생이 용변을 보는 모습을 위에서 핸드폰카메라로 사진을 찍게 되었다.

– 카메라 등 이용촬영죄 사례

예전에는 '아이스께끼'라고 하여 여학생들이 고무줄놀이를 하고 있으면 남학생들이 다가가 고무줄을 끊기도 하고 치마를 들어 올리는 장난을 치기도 했다. 저자의 부모님 세대 때부터 늘 하던 장난이었고 당시 이에 대해 그 누구도 법적인 책임을 묻지 않았다.

그러나 돌이켜보면 이는 전형적인 '강제추행' 사안이다. 강제 추행이란「폭행 또는 협박으로 사람에 대하여 추행을 하는 것」을 의미한다. 폭행 또는 협박이란 상대의 신체에 대한 유형력의 행사 내지는 해악을 고지(告知, 특정한 상대편에게 일정한 사실을 알리는 일) 하는 것을 뜻하며 이러한 행위를 통해 상대방의 성적 자기결정권을 침해(성적수치심을 불러일으킴)하는 것이다. 폭행 또는 협박 행위 자체가 추행행위라 볼 수 있는 경우도 강제추행에 해당하며 이를 '긴급추행'이라고 한다.

아이스께끼는 신체에 대한 유형력을 행사하는 것이고, 상대방에게 성적 수치심이 들도록 해 성적자기결정권을 침해하게 되는 것으로 볼 수 있다. 즉 강제추행, 범죄가 될 수 있다는 이야기다.

요즘에는 사람들의 권리의식이 상당히 높다. 즉 세상이 달라졌다. 예전에는 무심코 했던 장난들이 상대방이 고소를 하면 모두 성범죄가 될 수 있다는 이야기다. 게다가 아이스께끼와 같은 장난의 경우 상대방이 '아동·청소년'(19세 미만의 자)에 해당하기 때문에 일반 형법상의 강제추행죄(형법 제298조)가 아닌 '아동·청소년의 성보호에 관한 법률'(약칭 아청법)이 적용(아청법 제7조 제3항)되어 더 강하게 처벌된다. 아청법상 강제추행 법정형은 '2년 이상의 유기징역 또는 1천만 원 이상 3천만 원 이하의 벌금'이다. 가해자가 아동·청소년이라도 아청법이 적용되는 것은 마찬가지이다. 학생들의 성범죄는 예전보다 꾸준히 늘고 있으며 안타깝게도 학생들이 그에 대한 심각성을 모르고 별 생각 없이 행동하고 있다는 점이다.

학교폭력 사안이 성범죄와 관련되는 경우, 학교는 성 사안이 접수됨과 동시에 경찰에 신고를 하여야 하는 의무가 있다(아청법 제34조 제2항, 성폭력보호법 제9조). 피해자가 원치 않는다고 해도 마찬가지이다. 신고하지 않으면 학교 측에서 과태료를 내야 한다.

따라서 성 관련 사안은 여타 학교폭력 사안과 달리 '심의위원회' 절차와 '형사소송절차'가 각각 진행된다는 점에서 큰 차이점이 있다.

학교폭력 사안을 학교에 신고하고 심의위원회를 개최하는

절차(즉 학교폭력예방법에 따른 절차)는 학교 및 교육청 내부에서의 학생에 대한 징계절차에 해당하고 징계가 결정되면 그 내용을 생활기록부에 기재하는 일종의 '행정절차'에 불과하다. 즉 학교 내부적인 문제라 할 수 있다.

다만 형사절차는 아예 독립된 것으로 국가의 사법권을 발동하여 그러한 행위를 한 가해자를 '형사적으로 처벌'하기 위한 것이다. 즉 형사 수사절차가 시작되므로 경찰, 검찰, 나아가 법정에 나가 피의자 또는 피고인으로서 재판을 받아야 한다는 이야기이다.

많은 경우 청소년 범죄는 '소년보호사건'으로 분류되어 일반 성인들과 같은 형사법정이 아닌 소년재판을 받게 되는 이익(?)을 누릴 수 있기는 하나, 어찌되었든 법원의 재판을 다녀야 하고 어떤 보호조치를 받든 수사기관의 내부 자료에 기록이 남는 불이익이 있다. 따라서 정말 중차대한 일이 아닐 수 없다.

또한 성 사안의 경우 '학교장의 자체종결'이 불가능하고 무조건적으로 심의위원회를 개최해야 하는 점도 일반 사건과 다르다.

실무에서 성범죄 피해자의 경우 심의위원회에서의 진술이나 경찰에서의 진술을 힘들어하는 경우를 많이 보았다. 그러한 경우 심의위원회에서는 부모만 진술하거나 아니면 집에서 진술한 것을 녹화하여 위원들에게 보여주는 방식을 취하기도 한다. 경찰에서 진술해야 한다면 피해자가 여학생인 경우에는 담당수사관을 여성 수사관으로 배정해달라고 요청할 수 있으며 조사 시

부모동석(신뢰관계인 동석), 변호사 동석을 요청할 수 있다.

성범죄와 관련해서는 2018년 미투(Me, too) 운동을 시점으로 사회에서 단죄해야 한다는 사회적 분위기로 인해 실제 형사사건으로 입건 시 강력하게 처벌하고 있는 추세임을 알아야 한다.

가해학생의 생활기록부 기재

학교폭력예방법 제17조 제1항상의 가해자 징계조치가 결정되면, 4호 조치 이상의 징계를 받았을 경우 해당 징계가 생활기록부에 기재된다. 피해자의 보호조치는 생활기록부에 기재되지 않는다. 2020. 3. 1. 법 개정 이전에는 1호부터 9호까지 모든 징계가 기재되었으나 2020. 3. 1.이후부터는 비교적 경미한 조치인 1호부터 3호까지는 1회에 한하여 이를 이행함을 조건으로 기재하지 않도록 하였다(이후 재차 학교폭력 가해자로 징계를 받게 된다면 예전에 받았던 징계까지 소급하여 기재됨을 유의하여야 한다). 다소 경미한 사안임에도 학교폭력 가해자가 될 수 있고 이에 대해 불복절차를 진행함으로 낭비되는 사회적 비용을 방지하기 위해서이다.

다만 이와 같은 법 개정이 학생들로 하여금 '경미한 학폭은 괜찮다. 이 정도는 괜찮을 거야'라는 생각을 하게 하여 학교폭력을 조장하는 결과가 나올 수 있다는 비판과 우려도 많았다. 그럼에도 불구하고 개인적으로는 법 개정에 찬성하는 편이다.

학교폭력이라는 것이 어느 사안이라도 걸면 또 걸리는 측면이 많아 굳이 가해자로 낙인찍을 사안이 아님에도 불구하고 상황에 따라 서면사과나 접촉금지와 같은 경미한 처분이 나오는 경우를 많이 봐왔기 때문이다.

생활기록부 기재라는 것이 입시와 직결되는 것이기에 민감한 사안이 아닐 수 없다. 따라서 어쩔 수 없이 입시를 위해 불복절차를 진행하는 경우도 생긴다. 고의로 한 것이 아닌 한 최초 1회 정도는 기재를 유보하는 것도 그리 나쁜 방법은 아니라 생각 한다.

기재 시기

가해자가 심의위원회로부터 4호 조치 이상의 징계를 받은 경우, 심의위원회의 결정이후 바로 조치가 기재된다. 만약, 조치 결정에 부당함을 느껴 행정심판 또는 행정소송을 진행하는 경우에도 일단 해당 조치를 생활기록부에 기재하고 만약 행정심판위원회 및 법원에서 그 조치를 취소하는 판결이 나오면 그때 조치기재를 수정 내지는 삭제한다.

기재되는 곳

학교생활기록부는 '초 · 중등교육법 시행규칙 제21조' 및 '학교생활기록 작성 및 관리지침(교육부 훈령 127호)'에 따라 아래와 같이 작성된다.

●●● 학교생활기록부 기재

- 학적사항 특기사항 란 기재: 8호(전학), 9호(퇴학)
- 출결사항 특기사항 란 기재: 4호(사회봉사), 5호(특별교육 및 심리치료), 6호(출석정지)
- 행동특성 및 종합의견 란 기재: 1호(서면사과), 2호(접촉금지), 3호(교내봉사), 7호(학급교체)

- 피해학생 조치사항은 입력하지 않음
- 전출, 자퇴 등 학적변동의 경우 학교폭력 조치 내용을 입력 후 학적 처리
- 조치를 병과한 경우 병과 된 조치사항 모두 해당 영역에 입력
- 부가적 특별교육(학교폭력예방법 제17조 제3항)을 받은 사실은 기재하지 않음
- 2회 이상 자치위원회 조치를 받은 경우 각각의 조치사항을 구분하여 입력

※ 처음으로 1, 2, 3호 조치를 받은 경우 징계조치를 이행함을 조건으로 기재유보. 단 이후 다른 사건으로 가해자가 된 때에는 유보되었던 조치까지 함께 기재.

삭제의 시기

- 1호, 2호, 3호, 7호는 졸업과 동시에 삭제된다.
- 8호 조치와 4호, 5호, 6호 조치 사항은 해당학생 졸업 2년 후 삭제하는 것을 원칙으로 하되 졸업 직전 심의위원회 심의를 거쳐 졸업과 동시에 삭제가 가능하다.
- 9호(퇴학) 조치 기록은 삭제되지 않고 영구 보존된다.

위 내용을 정리하면 아래와 같다.

가해학생 조치사항 (학교폭력예방법 제17조 제1항)	생활기록부 기재 영역	삭제 시기
1. 서면사과	행동특성 및 종합의견	졸업과 동시에 삭제
2. 접촉, 협박 및 보복행위의 금지		
3. 교내봉사		
4. 사회봉사	출결사항 내 특기사항	졸업 2년 후 삭제 원칙 (다만 심의를 통해 졸업과 동시에 삭제 가능)
5. 특별교육		
6. 출석정지		
7. 학급교체	행동특성 및 종합의견	졸업과 동시에 삭제
8. 전학조치	학적사항의 특기사항	졸업 2년 후 삭제 원칙 (다만 심의를 통해 졸업과 동시에 삭제 가능)
9. 퇴학조치		삭제 불가

이호진 변호사의 학폭 사례

자신 없는 표정의 선민이는 왜소한 체구에 말수도 별로 없는 학생이었다. 그의 부모님은 그 학생과는 반대로 열정적이셨고 모든 일에 자신감이 넘치시는 분들이었다. 그런 자신들의 분신, 아들이 학교에서 몹쓸 일을 당했다고 생각하시니 상담하는 내내 분노를 주체하지 못하셨다.

사건은 이렇다. 8명의 학생이 선민이를 괴롭힌 것이다. 사건을 처음 전해 들으면서도 감이 왔다. 거기에 부모님이 챙겨온 카카오톡 단체방의 화면들이 상황을 더욱 확실하게 보여주고 있었다. 선민이에 대한 직간접적인 욕설, 조롱, 선민이 부모님을 직접적으로 욕하는 패드립, 왜 죽으라고 하는지, 왜 선민이가 미친 놈인지 설명이 하나도 없다. 그냥 선민이는 카카오톡에서 그렇게 불리고 있었다. 1대 8의 항전은 의미 없었다. 선민이는 그냥 표적이었고 8명은 선민이에게 무차별 사격을 해대고 있었다.

그중에서 필자를 가장 놀라게 한 증거는 선민이를 교탁에 세워놓고 찍은 사진이었다. 웃음거리가 된 선민이는 모든 걸 포기한 얼굴을 하고 있었다. '그래 때려라. 얼른 끝내라.'

폭력은 반복적이다. 그리고 중독이다. 그리고 우월감을 준다. 사진 속의 선민이는 사진을 찍는 8명의 얼굴을 보고 있다. 그들의 비웃음. 자신감, 우월감. 사진 한 장이 보여주는 그 아픔이 그대로 전달된다. 그래서 부모님의 분노를 이해한다. 아마 그 순간에는 8명을 죽이고 싶었을 것이다. 그래서 변호사인 나는 듣기만 한다. 그럴 수밖에 없다.

본격적인 괴롭힘의 시작은 8명 중 1명이 에어팟을 잃어버리고 그 범인으로 선민이를 지목한 것이다. 그리고 지속적으로 SNS로 괴롭히기 시작했다. 그리고 한 명 두 명 SNS 단체방에 가해학생들이 모이게 되고 집단따돌림과 모욕 행위가 시작된 것이다. 그러다 그들은 선민이 시계를 한번 차보겠다고 가져가서는 돌려주지 않았다. 시계의 분실 사실을 선민이 부모님이 알게 되고 돌려달라고 요구를 하자 교실 청소함 안에서 찾았다며 그제야 돌려주게 된다.

결론부터 이야기하자면 8명의 가해행위에 대한 증거는 카카오톡에 차고 넘쳤다. 소위 강남 8학군 지역의 고등학생들이 벌인 사건이며 가해학생 중 일부는 '학급교체'의 징계를 받아 학생부에 기록되었다. 가해를 하며 쾌락을 느꼈을 수도 있다. 하지만 자신의 미래까지 걸면서 느낄만한 쾌락과 우월감은 아니다. 폭력은 꼭 되돌아온다. 역사가 이를 증명하고 있다.

II

불복방법

심의위원회로부터 결과 통지서를 수령하였다면 그 결과에 승복할 수 있는지에 대해 생각해보아야 한다. 내가 피해자라면 가해자의 징계 정도와 나에 대한 보호조치가 적정한지, 내가 가해자라면 나의 징계수준이 스스로 잘못한 만큼 나왔는지를 판단해야 한다.

이 책의 내용대로 꼼꼼하게 준비하였음에도 불구하고 결과가 불만족스럽다면 지금부터 살펴볼 불복절차를 진행하여야 한다. 이하에서는 기존에 존재하였던 재심절차에 대해 잠시 살펴본 뒤, 실제 활용해야 할 행정심판, 행정소송에 대한 이야기를 나눠보고자 한다.

기존의 '재심' 절차

2020. 3. 1. 이전에 개최되었던 학교폭력위원회의 결정에 대한 불복은 '재심' 절차를 통해 다툴 수 있었다. 재심은 법 개정 이전 학폭위 결정에 가장 대표적인 불복수단 중 하나였다.

재심은 학교폭력예방법 및 초·중등교육법이 정한 일종의 '특별절차'에 해당했던 것으로, 학교폭력위원회 징계결정을 받은 날로부터 15일 이내, 피해자는 시·도 지역위원회(시청, 도청) 산하 재심위원회에 가해자는 시·도 징계위원회(통상 관할 교육청) 산하 재심위원회에 재심신청을 했었다. 가해자는 학교폭력예방법 제17조 제1항 조치 중 '전학 또는 퇴학' 조치를 받은 경우에만 재심신청이 가능했다.

그간 재심 절차가 운용되면서 볼멘소리가 많았다. 특히 피해자와 가해자 간에 재심 청구하는 기관이 달라 절차가 '이원화'되는 불편함, 그에 따른 혼선과 비용이 많이 든다는 문제, 또한 판단주체가 다르기에 양측이 서로 다른 판단을 하는 경우 누구의 판단을 더 우선시해야 하는가에 대한 문제(가령 학폭위에서 가해자에게 전학조치가 나와 가해자가 징계위원회에 재심신청을 하여 학급교체조치로 징계 변경을 하향조치 하였는데, 피해자 측에서는 전학이 아닌 퇴학조치가 마땅하다는 생각으로 지역위원회에 재심신청을 하여 퇴학조치로 상향 변경시킨 경우 누구의 조치를 우선해야 하는지 알 수 없다)도 제기되었다.

그러나 다소 복잡(?)했던 재심 절차가 사라졌다. 2020. 3. 1. 이후부터 결정되는 심의위원회 결의부터는 무조건 행정심판 혹은 행정소송으로 다퉈야한다. 이것이 과연 당사자들에게 좋기만 한 것이냐는 아직 미지수이다.

분명한 것은 어찌되었든 다툴 수 있는 기회가 1회 줄어든 것은 당사자 입장에서는 확실히 불리하게 된 것이라 생각한다. 예전에는 재심 → (기각되면) 행정심판 → (행정심판도 기각되면) 행정소송을 할 수 있어 총 3번의 다툼의 기회가 있었고, 또한 재심은 청구와 동시에 자동으로 '집행정지' 효과(징계의 집행을 정지하는 효과. 예를 들어 가해자가 위원회로부터 '전학' 징계를 받은 경우 학교 측은 2주 안에 전학을 보내야 하는데 가해자가 시·도 징계위원회에 재심을 신청하면 그 재심 결과가 나올 때까지 전학의 집행이 정지된다)가 발생하므로 가해자 입장에서는 일단 한숨을 돌릴 수 있는 여유가 생긴다는 데에 큰 효용이 있었기 때문이다.

어찌되었든 말도 많고 탈도 많았던 재심 절차가 사라졌기에 이제 불복방법은 행정심판과 행정소송으로 단순화되었다. 이하 행정심판부터 차분히 살펴보기로 하자.

행정심판

"중간고사가 끝난 바로 다음 날이었다. 진경이는 운동장 구석에 아이들이 몰려있는 것을 보고 궁금해 다가갔다. 3반 민아가 무릎을 꿇고 앉아 있는데 주변 아이들이 발로 차고, 머리를 잡아당기며 괴롭히고 있었다. 민아와 친하지는 않지만 같은 학원을 다니고 있어 인사 정도는 나누는 사이였다. 민아의 교복에 누군가 침 뱉는 것을 보고 놀라 자리를 피하려고 했지만 같이 있는 친구가 조금만 더 구경하자고 해서 10분간 그 자리에 있었고 그때 민아와 눈이 마주쳤다.

민아는 이 사건을 학교에 신고했는데 가해자 명단에 진경이가 포함되어 있었다. 심의위원회에서도 가해자로 인정되어 교내봉사 조치를 받게 되었다. 부당함을 느낀 진경이는 징계취소 불복절차를 진행하기로 했다.”

– 진경이의 사례

“기용이는 자신이 신고한 4명의 가해학생 중 1인이 받은 서면사과 조치가 지나치게 약하다고 생각했다. 뒤에서 기용이에 대한 야유를 조장했는데 마땅한 증거가 없어서 서면조치가 나온 것 같았다. 같은 반이기 때문에 기용이의 학업에 지장을 줄 것이 분명했다. 그래서 기용이는 나머지 1인의 서면사과 조치를 학급교체 조치로 상향시키기 위해 행정심판을 진행하기로 한다.”

– 기용이의 사례 6

행정심판이란 일반적으로 행정청의 위법 또는 부당한 처분이나 부작위로 침해된 국민의 권리 또는 이익을 구제하는 절차(행정심판법 제1조)이다. 학교폭력에 대한 심의위원회 결정과 관런하여 설명하자면, 심의위원회의 가해자의 징계, 피해자의 보호처분 결정에 대한 불복을 목적으로 하여 행정심판위원회에 교육장을 상대로 그 취소 또는 변경을 구하는 절차를 말한다.

●●● **학교폭력예방법**

제17조의 2(행정심판)

① 교육장이 제16조 제1항 및 제17조 제1항에 따라 내린 조치에 대하여 이의가 있는 피해학생 또는 그 보호자는 「행정심판법」에 따른 행정심판을 청구할 수 있다.

② 교육장이 제17조 제1항에 따라 내린 조치에 대하여 이의가 있는 가해학생 또는 그 보호자는 「행정심판법」에 따른 행정심판을 청구할 수 있다.

③ 제1항 및 제2항에 따른 행정심판청구에 필요한 사항은 「행정심판법」을 준용한다.

●●● **행정심판법**

제27조(심판청구의 기간)

① 행정심판은 처분이 있음을 알게 된 날부터 90일 이내에 청구하여야 한다.

② 청구인이 천재지변, 전쟁, 사변(事變), 그 밖의 불가항력으로 인하여 제1항에서 정한 기간에 심판청구를 할 수 없었을 때에는 그 사유가 소멸한 날부터 14일 이내에 행정심판을 청구할 수 있다. 다만, 국외에서 행정심판을 청구하는 경우에는 그 기간을 30일로 한다.

③ 행정심판은 처분이 있었던 날부터 180일이 지나면 청구하지 못한다. 다만, 정당한 사유가 있는 경우에는 그러하지 아니하다.

④ 제1항과 제2항의 기간은 불변기간(不變期間)으로 한다.

법 개정 전 재심과 관련된 규정은 모두 삭제되었고, 이제는 가해자, 피해자 모두 자신의 징계 또는 보호조치에 이의가 있는 경우에는 행정심판을 제기하게 함으로써 그 불복방법을 일원화하였다. 다니는 학교가 초·중·고등학교인지 사립인지 공립인지 상관없이 행정심판청구가 가능하다.

행정심판 청구의 신청인은 학생 본인이 되며, 피청구인은 교육장(교육청, 또는 교육지원청의 장)이 된다. 관할은 해당 교육청 산하 행정심판위원회가 된다.

행정심판청구서 접수

행정심판 청구인이 행정심판청구서를 작성, 이를 행정심판위원회(학교가 위치한 지역의 관할 교육청 산하 행정심판위원회)로 송부하면 위원회는 피청구인(교육장)에게 부본(업무를 위한 복사본)을 재차 송부한다. 행정심판청구서를 바로 피청구인인 '교육지원청'으로 보내는 것도 가능하다. 그러면 교육지원청이 행정심판위원회에 이러한 청구서가 접수되었음을 알리고 답변서를 준비하게 된다.

혼자 행정심판청구를 진행한다고 하면 '온라인 행정심판'(https://www.simpan.go.kr)을 추천한다. 실제 서류로 하는 것보다 훨씬 간편하다. 심판청구서 접수 및 답변서의 수령, 심리기일 지정 모든 과정을 온라인으로 할 수 있기 때문이다.

행정심판의 청구는 '처분이 있음을 알게 된 날로부터 90일 그러니까 약 3달 안에 청구해야 한다. 즉, 심의위원회로부터 결정통지서를 받고 90일안에는 꼭 행정심판 청구를 해야 한다. 이는 법률상 '제척기간'이라고 하는데 만약 하루라도 늦으면 접수 자체가 안됨을 유의하여야 한다. 바로 '각하' 사유가 된다.

심판청구는 물론 '서면'(또는 전자로) 작성한다. 다음의 사항을 꼭 기재해야 한다.

1. 청구인의 이름과 주소 또는 사무소(주소 또는 사무소 외의 장소에서 송달받기를 원하면 송달장소를 추가로 적어야 한다)
2. 피청구인과 위원회
3. 심판청구의 대상이 되는 처분의 내용
4. 처분이 있음을 알게 된 날
5. **심판청구의 취지와 이유 (가장 중요)**
6. 피청구인의 행정심판 고지 유무와 그 내용

가장 중요한 것이 5번 청구취지와 청구이유다. (내용이 길어 별지로 첨부하는 것이 상례이다) 청구취지는 청구인이 어떠한 결정(재결)을 원하는지를 딱 한마디로 위원회에 표현하는 말이라 생각하면 간단하다.

청구취지는 다음의 사항을 참조하여 작성하는데 처음의 처분을 취소하고 (피해자 측에서 원하는) 어떤 처분으로 변경해 달라는 취지이다.

●●● 청구취지 사례

"피청구인이 2020. 4. 1. 가해학생 ○○○에 대하여 한 '학급교체', '학생특별교육이수 1일(4시간)', '보호자특별교육이수 1일(4시간)' 조치를 취소하고 '전학' 조치로 변경한다.

위에는 가해자의 조치를 강화해 달라는 청구취지의 예시로 들었다(반대로 가해자 입장에서는 강한 조치를 취소하고 약한 조치로 변경하거나 혹은 자신이 학교폭력을 저지르지 않았음을 주장하며 아예 징계를 취소 요청하는 청구취지도 작성할 수 있다). 만약 피해자 자신의 보호조치가 불만족스럽다면 구체적으로 어떠한 보호조치를 내려달라고도 행정심판위원회에 요청할 수 있다. 그리고는 위와 같이 주장하는 이유를 적어야 한다. 이것을 '청구이유'라고 한다.

청구이유는 가해자의 처분, 내지는 피해자 자신의 보호조치가 왜 변경되어야 하는지 구체적 이유를 적는 것이다. 어찌 보면 이 부분이 행정심판청구서의 핵심이며 이 부분을 잘 기재해야 행정심판위원들을 설득하여 청구인으로 하여금 원하는 조치를 받게 할 수 있다.

행정심판 등의 불복방법을 개인이 혼자 진행하는 것도 물론 가능하나 좋은 결과를 위해서는 전문가의 지식을 활용할 필요가 있다. 별 도움 안 되는 주장만 거듭하다가 행정심판의 기회 자체를 날려버릴 수도 있기 때문이다.

혼자 진행할 때 가장 지양해야 할 것이 감정적 호소만 담아내거나 무조건적인 상대방의 비난만 늘어놓는 것이다. 또한 취소 또는 변경의 대상이 되는 징계처분의 부당함을 다퉈야 하는데 전혀 다른 곳에 중점을 두고 이야기를 하는 경우도 많다.

올바른 청구이유에는 다음의 사항을 담고 있어야 한다.

청구이유에는 크게 두 가지 사항에 대해 위법성을 다툴 수 있다.

1. **절차적 하자**: 심의위원회 운영의 절차적으로 잘못된 점을 지적하는 것
2. **실체적 하자**: 피해정도에 비해 가해학생의 징계가 너무 약하거나, 가해정도에 비해 징계가 너무 높다는 주장을 하는 것

절차적 하자는 심의위원회 위원의 구성이 적법하지 못했다든가 '과반수 이상의 참석, 과반수 이상의 결의'라는 결의요건을 갖추지 못했다든가 하는 위원회 절차진행과 관련된 잘못이 있기에 징계결정이 위법하므로 취소되어야 한다는 주장을 펴는 것이다.

실체적 하자는 통상 이러이러한 사정이 있음에도 불구하고

(가해자 입장에서는) 너무 사안보다 지나친 조치가 나왔고 (피해자 입장에서는) 사안보다 너무 약한 조치가 나와 징계결정이 위법하므로 취소 내지는 변경되어야 한다는 주장을 하는 것이다. (이를 법률 용어로 '비례성 원칙'에 위반된다고 한다)

청구서에 대한 답변

행정심판청구서를 송부받은 교육지원청은 10일 이내 답변서를 행정심판 위원회에 보내야 한다(행정심판법 제24조 제1항). 피청구인이 답변서를 보낼 때에는 청구인의 수만큼 답변서 부본을 함께 보내되, 처분이나 부작위의 근거와 이유, 심판청구의 취지와 이유에 대응하는 답변에 해당하는 내용을 첨부해야 한다.

그런데 실무에서 10일 이내에 답변서를 제출하는 경우는 거의 없다고 봐도 무방하다. 권고적 규정이기 때문에 2020. 3. 1. 법 개정 이전 학교 측에서 10일 이내에 답변을 하는 경우는 경험상 한 건도 없었다. 통상 빠르면 한 달, 늦는 경우 두세 달이다. 답변서가 늦어지는 것이 행정심판이 오래 걸리는 주요인 중 하나이다.

주장의 보충

당사자는 심판청구서·보정서·답변서·참가신청서 등에서 주장한 사실을 보충하고 다른 당사자의 주장을 다시 반박하기 위하여 필요하면 위원회에 보충서면을 제출할 수 있다(이 경우 다른 당사자의 수만큼 보충서면 부본을 함께 제출하여야 함). 위원회는 보충 서면을 받으면 지체 없이 다른 당사자에게 그 부본을 송달하여야 한다(행정심판법 제33조).

증거서류 제출

당사자는 심판청구서·보정서·답변서·참가신청서·보충 서면 등에 덧붙여 그 주장을 뒷받침하는 증거서류나 증거물을 제출할 수 있다. 증거서류에는 다른 당사자의 수만큼 증거서류 부본(복사본)을 함께 제출하여야 하며, 위원회는 당사자가 제출한 증거서류의 부본을 지체 없이 다른 당사자에게 송달하여야 한다(행정심판법 제34조). 온라인 행정심판(전자 행정심판)을 이용한다면 여러 부본을 보낼 필요 없이 자신의 증거서류를 그냥 업로드하면 된다.

타 기관의 자료제출 요구권

행정심판위원회는 사건 심리에 필요하면 관계 행정기관이 보관 중인 관련 문서, 장부, 그 밖에 필요한 자료를 제출할 것을 요구할 수 있다.

증거조사

위원회는 사건을 심리하기 위하여 필요하면 직권으로 또는 당사자의 신청에 의하여 아래와 같은 방법으로 증거조사를 할 수 있다.

1. 당사자나 관계인(관계 행정기관 소속 공무원을 포함한다. 이

하 같다)을 위원회 회의에 출석하게 하여 신문하는 방법

2. 당사자나 관계인이 가지고 있는 문서 · 장부 · 물건 또는 그 밖의 증거자료의 제출을 요구하고 영치하는 방법
3. 특별한 학식과 경험을 가진 제3자에게 감정을 요구하는 방법
4. 당사자 또는 관계인의 주소 · 거소 · 사업장이나 그 밖의 필요한 장소에 출입하여 당사자 또는 관계인에게 질문하거나 서류 · 물건 등을 조사 · 검증하는 방법

심리기일 지정 및 범위

심리기일은 위원회가 직권으로 지정하며, 당사자가 주장하지 아니한 부분도 심리할 수 있는 것이 원칙이다.

심리의 방식

행정심판의 심리는 주로 서면심리로 이루어진다. 다만, 당사자가 구술심리를 요청한 경우 (위원회가 서면 심리만으로 결정할 수 있다고 인정되는 경우 외에는) 구술심리를 하여야 한다.

따라서 위원회는 위와 같이 구술심리 신청을 받으면 그 허가 여부를 결정하여 신청인에게 알려주게 된다.

정리

위 절차를 간단하게 요약하자면, 신청자는 행정심판청구서를 작성, 이를 행정심판위원회 또는 교육지원청에 제출하고 행

정심판청구서를 받아본 처분청(교육지원청)은 이에 대한 답변을 행정심판위원회에 제출한다. 이후 행정심판위원회는 이를 받아 다시 청구인에게 송부하여 서로 간의 서면제출을 통한 공방을 진행하게 한다. 이후 행정심판위원회는 심리기일을 지정해 당사자의 구술심리 가능 여부를 알려준다.

보통 심리기일 전까지 답변서 및 그에 대한 재반박을 담은 의견서, 또 그것에 대한 반박을 주고받게 된다. 그리고 심리기일에 최종적으로 행정심판위원회가 재결(행정심판위원회의 결정을 '재결'이라 한다)을 내리게 되는 것이다. 기간은 보통 신청서 접수부터 심리기일이 열리기까지 약 3~4개월 정도 소요된다.

> ● ● ● '불이익 변경 금지의 원칙'
>
> 간혹 행정심판을 신청함에 있어 신청인에게 원래보다 더 불리한 조치가 나오면 어떻게 하나라고 질문하시는 분들이 있다. 예를 들어 피해학생 측 가해자의 징계가 너무 약하다고 생각하여 행정심판을 신청했는데 원래 징계보다 더 약한 징계로 나온다거나, 가해학생이 심의위원회에서 전학처분을 받아 너무 하다고 생각되어 행정심판청구를 하였더니 퇴학처분이 나온다면 어떻게 되느냐는 우려다.
>
> 이런 부분은 걱정할 필요가 없다. 불복신청인이 다투는 원처분(처음의 징계)보다 신청인에게 불이익한 쪽으로 변경되지는 않는다. 이를 '불이익 변경 금지의 원칙'이라 한다. 즉, 최악의 경우 신청이 '기각' 될 뿐이지 신청인에게 원래보다 불리하게 결정이 바뀌지는 않는다. 이 원칙은 뒤에 살펴볼 행정소송에서도 동일하게 적용되는 원칙이다.

목표의 설정을 분명히 한다.

행정심판은 현재보다 본인에게 더 유리한 판단(재결)을 받기 위한 과정이다. 따라서 가해자 입장이라면 어떻게 징계수위를 낮출 것인지, 혹은 피해자 입장이라면 어떻게 가해자의 징계수위를 높일 것인지(아니면 어떻게 자신에 대한 보호조치를 변경할 것인지)를 심사숙고하여 정하고 신청서를 작성해야 한다.

피해자의 경우 가해자가 어느 정도의 조치를 받았으면 좋겠다는 것이 있을 것이다. 본인이 더 이상 가해자와 같은 학교에서 공부할 수 없다고 생각되면 전학이나, 퇴학을 요구해야 할 것이다. 또 가해자의 경우 전학이나, 퇴학조치보다는 약한 조치를 받길 원할 것이므로 그 외 본인이 수용 가능한 징계를 목표로 신청서에 처음의 징계가 왜 너무한 것인지, 그리고 왜 더 약한 징계로 하향 조정되어야 하는지를 피력해야 할 것이다. 별다른 생각 없이 그냥 "행정심판위원회에서 알아서 해 주세요."라는 식의 불분명한 태도는 좋은 결과를 보장하기 어렵다.

심의위원회 회의록 열람 · 복사하기

행정심판은 심의위원회에서의 심리 및 징계 결정이 위법 · 부당하므로 이를 취소 또는 변경해달라는 신청절차이다. 따라서 위원회가 어떤 식으로 진행되었고 어떤 결의를 거쳐 결과가 나왔는지 그 과정을 살펴보아야 한다. (어떻게 진행되었는지를 알아야 절차적으로 무엇이 잘못되었는지, 왜 그렇게 부당하게 결정을

내렸는지를 알 수 있을 것이다)

학교폭력예방법 제21조 ③항을 보면 피해학생 및 가해학생
은 심의위원회 회의록을 공개신청 할 수 있으며 심의위원회는
개인정보에 관한 사항을 가리고 열람·복사해줘야 한다(이는
법률에 규정된 의무사항이다).

회의록 공개신청을 위해서는 심의위원회(교육지원청)에 방문
하여 '정보공개청구서'를 작성(서류구비 되어있음)하여 회의록
열람·복사 신청을 하면 된다. 그러면 심의위원회에서 개인정
보를 가리는 작업을 거친 후 회의록을 복사하여 줄 것이다.

법 개정 이전 학폭위가 학교에서 개최되었을 때에는 법률상
개인정보만 가려서(주로 이름) 회의록을 복사해줘야 하는데 아
예 학교에서 내용 전체를 삭제하고, 오직 신청인이 진술한 부분
만을 볼 수 있게 열람·복사해주는 학교도 있었다. 이렇게 되
면 학폭위 진행과정 자체를 알 수 없어 행정심판 등 불복절차에
서 활용하는 것이 불가능하므로 만약 심의위원회 측이 이렇게

복사를 해준다면 위 규정을 들어 전체 내용이 보일 수 있도록 재열람 및 복사를 청구해야 한다.

새롭게 시행되는 심의위원회는 더욱 전문적인 기관이므로 이러한 일이 발생하지 않을 것이라 예상되나 '개인정보만 가리고 모든 내용이 나와 있는지' 여부는 열람 · 복사 시 꼭 확인해 보기 바란다.

학교폭력대책심의위원회 회의록

20 학년도 제 회 _____ 교육지원청 학교폭력대책심의위원회 회의록

* 사안번호:

1. 일 시: 년   월   일(요일)   시   분
2. 장 소:
3. 참석자

위원장 ○○○	위 원 ○○○
위 원 ○○○	위 원 ○○○
위 원 ○○○	위 원 ○○○
위 원 ○○○	위 원 ○○○
위 원 ○○○	간 사 ○○○
교 사 ○○○	경찰관 ○○○
학 생 ○○○	학부모 ○○○
학 생 ○○○	학부모 ○○○

4. 회 순
   1) 개회
   2) 심의위원회 개요안내 - 목적, 진행절차, 주의사항 전달, 참석자 소개
   3) 사안보고
   4) 피해학생 측 확인 및 질의응답
   5) 가해학생 측 확인 및 질의응답
   6) 피해학생 보호조치, 가해학생 선도·교육조치 논의 및 결정
   7) 폐회

5. 상정 안건
   - ○○○ 학생의 학교폭력 사안 -
   사안개요

출처: 2018년 학교폭력 사안처리 가이드북 각색(교육부, 이화여자대학교 학교폭력예방
   연구소)

6. 회의 내용(발언 요지)

• ○○○ 학생

• ○○○ 학부모

• ○○○ 위원

• ○○○ 위원

7. 결정사항 및 표결내용

피해학생	결정사항	표결내용
○○○	제16조 제1항 제1호 심리상담 및 조언	만장일치

가해학생	결정사항		표결내용
○○○	제17조 제1항	제1호 서면사과 제8호 전학	찬성(7) 반대(2)
○○○	제17조 제3항 및 제9항 특별교육	학생 10시간, 보호자 5시간	
○○○	제17조 제1항	제5호 특별교육 10시간	만장일치
○○○	제17조 제9항 특별교육	보호자 5시간	

작성자:　　　　　　　　　　(인)

학교폭력대책심의위원회 위원장　　　　　(인)

출처: 2018년 학교폭력 사안처리 가이드북 각색(교육부, 이화여자대학교 학교폭력예방
　　　연구소)

신청기간을 칼같이 준수할 것!

신청기간은 반드시 준수해야 한다. 하루라도 늦으면 서류접수 자체가 안 될 수 있다(바로 각하 사유이다). 또한 지역에 따라 마감일에 임박하여 신청서를 접수하면 심의위원회 징계결정통보서를 언제 받았는지 우체국 등기 '배송진행상황' 화면을 출력하여 제출하라고 하는 경우도 있다.

따라서 신청기간을 엄수하여야 한다. 심의위원회 결정 통보서를 받은 다음 날로부터 90일 이내에 해야 한다. 여유 있게 일주일 쯤 전에는 제출한다고 생각하는 것이 이롭다.

구술심리 신청하기

행정심판의 심리는 구술심리나 서면심리로 진행한다. 다만 따로 신청이 없으면 실무상 서면심리로 통상 진행하므로, 만약 내가 꼭 심리기일에 나가서 발언을 하고 싶다면 '구술심리'를 반드시 신청해야 한다. 구술심리를 신청하면 행정심판위원회에서 검토 후 그 허가여부를 신청인에게 알려주게 되어 있다. 전자로 행정심판을 진행하는 경우, 구술심리의 신청도 '온라인 행정심판' 홈페이지에서 가능하다.

구술심리신청

① 사건	행심　　　　　　　　　　　　　　심판청구사건		
② 청구인		③ 피청구인	
④ 신청취지			
⑤ 신청이유			
⑤ 근거법조	행정심판법 제26조 제2항, 동법시행령 제23조 제1항		

위와 같이 구술심리를 신청합니다.

．　　．　　．
신청인 주소
　　　성명　　　　　　　　(서명 또는 인)

○○○○행정심판위원회 귀중

출처: 대법원 행정심판 양식

추가로 제출할 증거 찾기

실무에서는 새롭게 청구인 쪽에 유리한 증거가 생겨 이를 제출할 경우 행정심판 인용률이 상당히 높은 편이다. 따라서 심의위원회가 끝났다고 긴장을 늦춰서는 안 된다. 심의위원회 전에 제출하지 못한 유리한 증거가 추가로 생겼다면 이를 반드시 제출하여 재결에 반영되도록 해야 한다.

가령 가해자 행정심판의 경우, 심의위원회 이후 피해자와 원만한 합의를 계속 시도하여야 한다. 만약 '합의서'를 받을 수 있다면 행정심판인용확률이 확 올라가지 않겠는가?

행정소송

—

"진경이는 가해자가 아니므로 사회봉사 조치를 취소해 달라고 행정심판을 제기하였지만 3개월이 걸려 '기각' 결정을 받았다. 당시 누군가가 진경이가 민아에게 욕을 하는 걸 들었다고 확인서를 제출했다고 하는데 이는 명백한 거짓말이기에 진경이는 받아들일 수 없었다. 진경이는 부모님과 의논하여 전문가의 상담을 통해 법원에 행정소송을 청구하기로 하였다. 누가 허위 확인서를 썼는지, 직접 그 기록을 확인해 보고 싶었다."

-진경이의 사례 2

마지막 심의위원회 및 행정심판 재결(결정)에 대한 불복방법으로 행정소송이 있다. 행정소송은 이른바 법원에 소송을 제기하는 '사법적 구제절차'로 심의위원회의 결정 및 행정심판위원회 결정의 타당성 여부를 제3의 객관적 기관이자 법률전문가인 법관에 의해 판단 받는 방법이다. 궁극의 마지막 방법이라 할 수 있다.

행정소송은 다음 두 가지의 경우에 활용할 수 있다.

1. 심의위원회의 결정이 부당하다고 생각되는 경우 바로 심의위원회의 결정을 대상으로(피고는 교육장이 된다)

2. 심의위원회의 결정이 부당하여 행정심판을 진행하였는데 행정심판의 재결(결정)이 부당하다고 생각하는 경우 행정심판의 재결을 대상으로

학교폭력 사건에서의 행정소송은 행정청의 '징계처분'을 그 대상으로 한다. 행정청은 통상 이야기하는 행정기관을 의미하고 '처분'이란 행정청이 공권력을 행사하여 국민의 권리관계에 변동을 가져오는 의사표시를 하는 것을 말한다. 약간 말이 어려울 수 있어 최소한의 의미만 나열했다. 어찌되었든 ① 학교폭력 교육장의 징계결정이나 ② 행정심판위원회의 재결 모두 '처분'에 해당하므로 행정소송으로 그 취소를 구할 수 있다.

즉, 심의위원회의 결정에 대해 바로 취소를 구하는 행정소송을 제기해도 되고, 행정심판을 거친 후 그 결정(행정심판의 재결)에 대해 취소를 구하는 행정소송도 제기가 가능하다는 이야기이다. 다만 후자의 경우 '행정심판 재결의 고유한 하자'가 있는 경우에만 행정소송이 가능하다[설명을 드리긴 하였지만 ②번 유형은 많이 쓰이지는 않는다. 왜냐하면 행정심판의 재결을 행정소송을 통해 취소하여도 원래의 징계처분(심의위원회의 결정)은 그대로 남기 때문이다].

행정소송은 행정심판과 마찬가지로 처분(징계결정 내지는 재결)이 있음을 안 날부터 90일 이내에 제기하여야 한다.

당사자 및 관할

행정소송은 행정심판과 마찬가지로 원고는 가해자가 되고 피고는 징계조치, 보호처분을 내린 '교육장'이 된다. 관할은 통상 교육지원청이 위치한 지역의 '행정법원'이 관할이 된다. 만약 서울 서초강남교육지원청 심의위원회가 징계결정을 하였다면 서울행정법원(양재역 위치)이 관할법원이 될 것이다. 관할 지역 내 행정법원이 따로 없다면 지방법원에서 사건을 처리한다.

소장의 작성

소장은 크게 당사자 표시 부분과, 청구취지, 청구원인 부분으로 나뉜다. 당사자 표시 부분에는 원고 이름 및 주소, 피고(○○교육지원청 교육장)이라고 적고 주소를 아래에 적는다.

청구취지는 통상 "피고가 2019. ○. ○. 원고에 대하여 한 출석정지 처분을 취소한다"라고 적는다. 날짜와 처분명은 사안에 따라 달리 적으면 된다.

청구원인은 행정심판 부분에서 설명했던 것과 동일하다. 왜 이 사건 징계가 취소되어야 하는지에 대해 그 구체적 이유를 설시하는 것이다.

절차적인 하자가 있다면(심의위원회 구성상의 하자, 결의상의 하자 등) 절차적인 하자를 주장하고, 내용적으로 비례성 원칙에 반하는 징계가 내려졌다면(즉, 가해행위보다 징계가 너무 심하게 나와 균형을 잃은 것이라면) 실체적인 하자로 이를 주장하면 된다. 다만 행정심판 부분에서도 이야기하였지만 불복을 진행하는 경우 전문가의 도움을 받는 것을 추천한다. 특히나 행정소송의 경우에는 법원에 가서 재판까지 참여해야 하므로 변호사에게 일임하는 것도 적극적으로 고려해 보기를 바란다.

소장접수 및 진행과정

요즘은 형사소송을 제외한 거의 모든 소송을 '대한민국 법원 전자소송' 사이트(ecfs.scourt.go.kr)를 통해 전자소송으로 진행한다(즉, 소장을 종이로 작성하여 접수할 필요가 없다).

원고(가해자 측)가 소장을 접수하면, 법원은 이 소장을 피고인 교육지원청 측에 송달하며, 피고가 소장에 대한 답변서를 작성, 다시 법원에 접수하면 통상 법원은 1회 변론기일을 지정한다(소장 접수부터 1회 변론기일까지 통상 2개월 정도가 소요된다).

이후 피고의 답변서가 도착하면 원고는 이에 대한 재반박을 하게 되고 본인의 주장과 관련하여 유리한 증거가 있으면 증거도 함께 제출하는 방식이다. 서로 간의 공방이 수 회 이루어지고 더 이상 법원에 제출할 증거도 없다면 법원은 변론을 종결하고 변론 종결 후 약 한 달 뒤에 판결을 선고하게 된다.

그렇게 되면 1심 재판은 끝나고, 만약 판결이 부당하다고 생각되면 2심으로 '항소'가 가능하다. 차후 항소심 결과 또한 마음에 들지 않는다면 3심인 대법원까지 '상고'를 할 수 있다.

> ●●● **행정심판과 행정소송의 유사점과 차이점**
>
> 행정심판과 행정소송 모두 심의위원회의 결정을 대상으로 하며 그 취소 내지 변경을 목적으로 한다는 점에 있어서는 동일하다.
> 다만 행정심판의 판단기관은 교육청 산하 '행정심판위원회'이고 행정소송의 판단기관은 '법원'이다. 전자는 행정기관의 성격이 강하고 후자는 사법기관의 성격이 강하다.
> 소요기간은 행정심판이 통상 3~4개월, 행정소송은 6~7개월 정도를 생각하면 된다.
> 조금 더 법리적인 판단이 필요하고 다툴 것이 많은 사안이라면 개인적으로 행정소송을 활용하는 것이 더 유리하다고 생각한다. 행정심판과 달리 행정소송에서는 법원을 통해 심의위원회 및 학교 측의 조사 자료를 볼 수 있기 때문이다.

함께하여야 할 '집행정지' 신청

"진경이가 심의위원회로부터 사회봉사 징계통지서를 받고 빨리 사회봉사 20시간 의무를 이행하라는 학생생활지도부 교사의 연락을 받았다. 그러나 진경이는 단순히 운동장을 지나가다 민아의 폭행 장면을 봤을 뿐인데 너무 억울했다. 그래서 행정심판과 행정소송을 진행함과 동시에 학교 측에 사회봉사 집행을 막기 위해 '집행정지'신청서를 함께 접수하였다. 신청서 접수 후 약 2주 뒤에 '사회봉사 집행을 정지한다'라는 취지의 결정문을 받을 수 있었다."

– 진경이의 사례 3

심의위원회에서 가해자 징계가 결정되면 그 결정내용은 학교 측에 통보가 되고 바로 생활기록부에 기재가 된다. 피해자 보호조치는 생활기록부에 기재되지 않음은 이미 말씀드렸다. 그리고 교육장은 학교를 통해 그 결정사항을 2주 안에 통보, 집행하는 것이 원칙이다.

만약 학급교체(7호조치) 징계가 나왔다면 징계결정 및 통보와 동시에 생활기록부에 기재가 되고, 2주 안에 다른 학급으로 갈 수밖에 없다는 것이다.

제30조(집행정지)

① 심판청구는 처분의 효력이나 그 집행 또는 절차의 속행(續行)에 영향을 주지 아니한다.

② 위원회는 처분, 처분의 집행 또는 절차의 속행 때문에 중대한 손해가 생기는 것을 예방할 필요성이 긴급하다고 인정할 때에는 직권으로 또는 당사자의 신청에 의하여 처분의 효력, 처분의 집행 또는 절차의 속행의 전부 또는 일부의 정지(이하 "집행정지"라 한다)를 결정할 수 있다. 다만, 처분의 효력정지는 처분의 집행 또는 절차의 속행을 정지함으로써 그 목적을 달성할 수 있을 때에는 허용되지 아니한다.

제23조(집행정지)

① 취소소송의 제기는 처분 등의 효력이나 그 집행 또는 절차의 속행에 영향을 주지 아니한다.

② 취소소송이 제기된 경우에 처분 등이나 그 집행 또는 절차의 속행으로 인하여 생길 회복하기 어려운 손해를 예방하기 위하여 긴급한 필요가 있다고 인정할 때에는 본안이 계속되고 있는 법원은 당사자의 신청 또는 직권에 의하여 처분 등의 효력이나 그 집행 또는 절차의 속행의 전부 또는 일부의 정지(이하 "집행정지"라 한다)를 결정할 수 있다. 다만, 처분의 효력정지는 처분 등의 집행 또는 절차의 속행을 정지함으로써 목적을 달성할 수 있는 경우에는 허용되지 아니한다.

만약 심의위원회 징계가 부당하다고 판단해 행정심판 또는 행정소송을 진행하기로 마음을 먹었다면 신청 혹은 소제기부터 결과가 나오기까지 적게는 3달부터 길게는 1년 정도가 소요될 것이다. 그러나 학교의 징계결정 집행은 2주 안에 이루어지는 것이 원칙이므로 이 기간동안 '집행'을 정지시켜둘 필요가 있다. 이런 의미에서 하는 것이 바로 '집행정지' 신청이다.

따라서 행정심판, 행정소송의 청구서를 제출함과 동시에 따로 '집행정지' 신청을 하여야 한다. 그러지 않으면 이미 징계가 집행되어버린 상태에서 그 타당성 여부를 다퉈야 할 수도 있다. (학급교체의 경우 집행정지를 하지 않으면 학급이 교체된 상태에서 불복절차를 진행하여야 하며 전학의 경우에도 집행정지를 하지 않으면 타학교로 전학을 간 상태에서 불복절차를 진행하게 되는 것이다. 만약에 불복절차에서 승소하면 다시 원학급, 원학교로 돌아와야 하는데 그 과정에서 학생이 겪게 될 혼란이 엄청날 것임은 충분히 예상가능하다.)

집행정지 신청의 신청이유에서는 이 사건 징계가 왜 부당한지를 설명하고, 징계가 그대로 집행될 경우 ① 당사자(가해자)에게 회복하기 어려운 손해가 발생하고, ② 집행정지의 긴급한 필요가 있음을 피력하여야 한다.

예전에는 집행정지 신청의 인용률이 매우 높은 편이었으나, 요즘에는 행정심판위원회 및 행정법원에서 요건을 까다롭게 보고, 정말 최종적으로 취소 혹은 변경 청구가 인용이 될 만한 사안인가까지 검토한다. 그러므로 만만하게 봐서는 신청이 기각될 확률이 높다. 따라서 본안 심판/소송에서와 같이 집행정지 신청에도 최선을 다해 임해야 한다.

집행정지 신청서

신청인   ○○○

              서울 서초구 서초대로 ○○○

              미성년자이므로 부 ○○○, 모 ○○○

              신청인의 대리인 법률사무소 △△ 변호사 이호진

              서울 서초구 서초대로 △△△

              전화: 02)2038-○○○○ 팩스: 02-583-○○○○

피신청인   강남서초교육지원청 교육장

              서울 강남구 선릉로 116길 △△△

신 청 취 지

피신청인이 2020. 12. ○○. 신청인에게 한 '전학', '학생특별교육', '보호자특별교육' 처분은 위 당사자 사이의 이 법원 2020구합 ○○○○○호 전학처분 취소 청구사건의 판결 확정 시까지 그 집행을 정지한다.

라는 결정을 구합니다.

이호진 변호사의 학폭 사례

정민이는 성격이 밝은 여고생이다. 근데 친구의 욕설을 듣고 있다. 그런데 친했던 친구여서 참고 있었다. 그 친구의 입장도 이해가 되기 때문이다. 가해자는 가장 친한 친구였다. 성적도 비슷하고 자라온 환경도 비슷해 한동안 붙어 다니며 학교 생활을 했다.

문제는 그 친구가 학교의 리더가 되면서 불거지기 시작했다. 그 친구는 리더십이 강해서 모든 학생이 단합되기를 원했다. 하지만 정민이는 성격상 그러지를 못했다. 고등학생일 뿐인데 그렇게 일사분란하게 단체 생활을 하기 싫었다. 물론 제일 친한 친구였기에 자신은 좀 열외로 해주지 않을까 하는 기대도 있었다. 그런데 열외는 없었다.

여고생을 단합시키는 것이 쉬운가. 친구들도 하나 둘 분열하게 되고 친구의 말에 누구도 동의하지 않게 되었다. 리더십은 무참히 와해되고 매일 소리만 지르는 친구를 다들 불편해했다. 정민이도 마찬가지였다. 그래서 몰래 뒷담화도 하고 흉도 봤다. 그런데 그 친구가 '명예훼손, 모욕'으로 학교폭력위원회 개최를 요구한 것이다.

고발 내용은 공공장소에서 욕을 했고, 눈을 마주칠 때마다 험한 욕설을 개인적으로 했다는 내용인데 그런 적이 정말 있는지 정민이도 헷갈렸다. 보통 이런 갑작스런 상황에 빠지면 정말 자신이 그런 일을 벌였는지 의심하게 되고, 의심이 깊어

지면 사실로 받아들일 수 있게 된다. 욕설이라는 것이 말하는 사람의 입장이 아니라 듣는 사람의 입장이기에 밝게만 살아 온 청소년들에게는 '그래, 내가 욕을 했구나.'라고 판단하고 고 발을 내용을 순순히 받아들일 수도 있다.

이럴 때 사실관계를 바로 볼 수 있어야 한다. 고발이 들어 오면 대부분 당황한다. 아니 당황할 수밖에 없다. 그럴 때 부 모님들이라도 사실을 꽉 붙들 이성이 있어야 한다. 흔들리면 안 된다. 억울해하고, 학교가 알아서 해줄 거라 믿지 않았으면 좋겠다. 사건은 사건으로 받아들여야 한다.

하지만 운이 좋게도(?) 그 친구는 정민이를 포함한 다수의 학생을 가해자로 지목하였다. 그중의 한 학부모와 필자가 연 결되었고 이 사건을 맡아 '가해자 전원 무조치'를 받게 되었 다. 피해자의 주된 신고내용은 '명예훼손'과 관련된 것이었는 데 그러한 주장은 다소 과장되어 있으며, 정민이가 피력한 내 용 또한 사실의 적시(지적해 보임)가 아니라 단순한 의견 제 시에 불과한 것이었다. 또한 학생생활인권과 관련된 공공의 이익을 대변한 발언이었고 그 내용의 심각성도 사회상규에 위배되는 정도는 아니라고 변호하였다.

학교폭력전문변호사지만 학교폭력의 정의가 흔들릴 때가 있다. 필자도 학창시절을 보냈기에 '이런 것까지 신고 내지는 고발할 필요가 있을까' 싶은 경우도 없지 않다. 그래서 개인적 으로 내린 생각은 이렇다. 요즘 학생들의 이른바 '권리의식'이

상당히 높아졌다는 것이다. 침해받기도 싫고 누릴 건 누리고 싶은데 방해받으면 바로 조치를 하고 싶은 거라고 나름 편하게 생각하고 있다.

.

III

형사사건

형사고소(피해자)

형사고소는 언제가능한가

"학교에서의 사건은 일단락되었지만 가해자들이 다시 기용이 주변을 맴돌기 시작했다. 나쁜 소문이 돌기 시작했고, 교실로 찾아와 쳐다보며 수근댔다. 기용이랑 대화를 하는 친구들이 있으면 의식적으로 데려가기도 했다. 기용이는 다시 힘들어지기 시작했다. 다시 신고하는 것이 심적으로 많은 부담이 되었지만 좀 더 강력한 처벌을 위해 증거가 확실한 SNS상의 모욕, 명예훼손 캡처 자료를 가지고 이를 「정보통신망법상 명예훼손죄」로 고소하기로 했다. 학교 지역 관할 경찰서 여성·청소년계에 고소장을 정식으로 접수하였고, 경찰서에서 진행한 고소인 진술도 부모님과 함께 다녀왔다. 약 한 달 후 검찰로부터 해당 가해자들을 소년보호사건으로 소년법원에 송치하였다는 결과

통지서를 받았다."

- 기용이의 사례 7

　학교폭력의 피해자는 가해자에게 '학교폭력 신고'와는 별개로 일반 형사 사법 절차에 의한 처벌을 구하는 형사고소를 할 수 있다. (학교폭력 신고와 형사고소는 독립된 별개의 절차로 흔히 말하는 '이중처벌'이 아니다. 학교폭력예방법에 따른 학교폭력 신고 절차는 학교 내부에서의 행정절차로 가해자에게 징계 조치, 피해자에게 보호조치를 결정하고 이를 생활기록부에 기재하는 행정절차이다. 국가의 사법적 제재를 의미하는 형사절차와는 전혀 다르다) 다만, 언제나 가능하다는 것은 아니고 가해학생의 학교폭력 행위가 형법 혹은 기타 형사 특별법상에 '죄'가 되어야 한다.

　학교폭력 사례 중 자주 일어나는 폭행, 협박, 상해, 공갈 등의 행위는 당연히 형법상 처벌규정이 있으므로 고소가 가능하다.[ex) 폭행죄, 협박죄, 상해죄, 공갈죄가 형법규정에 있다] 그러나 '따돌림'과 같은 행위는 형사법상 '따돌림죄'라는 죄목이 없으므로 고소가 불가능하다. 오직 학교폭력예방법에 따른 심의위원회의 징계만이 가능할 따름이다.

형사미성년자 '촉법소년'이란?

――

　학교폭력 행위가 '죄'가 된다고 해서 모든 가해자를 형사고소할 수는 없다. 현행 우리나라 형법에 따르면 만 14세 미만의 자는 '형사미성년자'로 처벌하지 아니한다는 규정이 있다(아래 법조문에 나와 있는 연령은 모두 만 나이로 생각하면 된다).

> ●●● **형법**
>
> 제9조(형사미성년자) 14세 되지 아니한 자의 행위는 벌하지 아니한다.

형법상의 조문에만 따르면 만 14세 미만은 아무런 사법적 제재가 없는 것으로 생각할 수 있다. 하지만 우리나라에는 '소년법'이라는 것이 있다. 소년들을 처벌하기 위한 일종의 형사특별법이다.

> ●●● **소년법**
>
> 제2조(소년 및 보호자)
> 이 법에서 "소년"이란 19세 미만인 자를 말하며, "보호자"란 법률상 감호교육(監護教育)을 할 의무가 있는 자 또는 현재 감호하는 자를 말한다.
>
> 제4조(보호의 대상과 송치 및 통고)
> ① 다음 각 호의 어느 하나에 해당하는 소년은 소년부의 보호사건으로 심리한다.
> 1. 죄를 범한 소년
> 2. 형벌 법령에 저촉되는 행위를 한 10세 이상 14세 미만인 소년

일반 성인들은 죄를 지으면 감옥(교도소)에 가고 학생들은 죄를 지으면 소년원에 간다는 말을 들어 보았을 것이다. 그 학생들을 소년원으로 보내는 법이 바로 소년법이다. 소년법은 반사회성이 있는 소년의 환경 조정과 품행 교정을 위한 보호처분 등의 필요한 조치를 하고, 형사처분에 관한 특별조치를 소년에게 하기 위해 만들어진 법률이다.

소년법 제2조 및 제4조를 살펴보면 '소년'이란 19세 미만의 자를 말하며, '죄를 범한 소년이나 형벌 법령에 저촉되는 행위를 한 10세 이상 14세 미만의 소년은 소년부의 보호사건으로 심리한다'라고 되어 있다.

즉, 소년법은 만 10세 이상 만 14세 미만의 청소년이 형벌 법령에 저촉되는 행위를 한 경우(즉 죄가 되는 행동을 한 경우) 사건을 가정법원의 소년재판부로 송치시켜 소년법상의 보호처분을 받게 하고 있다. 이 나이대의 소년들을 '촉법소년'이라 부른다.

간단히 정리해 보면, 우리나라의 형사미성년자는 만 14세 미만이고 이 나이대 청소년들은 죄를 지어도 '형법'상의 처벌을 받지 않으나, 만 10세 이상 만 14세 미만의 청소년들은 '소년법'이 적용되어 소년법상 보호처분이라는 것을 받게 된다는 말이다. 따라서 만 10세 이상이 되는 학생이라면 고소가 가능하다. 반면 만 10세 미만의 청소년의 경우는 고소를 해도 형법상 처벌, 소년법상 보호처분 아무것도 받지 못하니 고소를 해봤자 실익이 없다. 형사미성년자가 아닌 만 14세 이상의 청소년을 형사고소 할 수 있음은 물론이다.

고소장 접수

가해학생을 고소하려면 고소장을 작성하고 가지고 있는 관련 증거를 첨부하여 학교가 위치한 지역의 관할 경찰서나 검찰청에 접수하여야 한다.

고소장

고소인   김○○

서울 서초구 서초중앙로 ○○동 ○○○호

미성년자이므로 부 김○○, 모 박○○

위 고소인의 고소대리인 법률사무소 ○○ 변호사 이호진

서울 서초구 서초대로 △△△

전화: 02)2038-○○○○ 팩스: 02-583-○○○○

피고소인   김○○

주소불상

김○○의 어머니 010-○○○○-○○○○

죄명: 특수상해

고소취지

피고소인은 고소인에게 전치 3주의 상해를 입혔는 바(두부 구타로 인한 뇌진탕), 이에 형법 제258조의2상의 특수상해죄로 의율하여 주시기 바랍니다.

고소이유

1. 고소인과 피고소인들과의 관계

고소인과 피고소인은 현재 서울 서초구 ○○○에 위치한 ○학년 ○반에 함께 재학 중인 동급생입니다.

2. 특수상해 행위의 발생

가. 고소인은 2○○○. ○. ○. ○○시간 모둠수업을 위해 피고소인과 책상을 마주보고 있었습니다.

나. 이후 말다툼이 시작되었고 피고소인은 손에 가지고 있던 가위 손잡이 부분으로 고소인의 머리를 가격하였습니다.

피해자(고소인) 및 가해자(피고소인) 조사

사법경찰관은 먼저 피해자를 경찰서로 소환하여 고소 사실을 확인한다. 학교폭력 사건을 고소하는 경우 대부분 경찰서 내 '여청계(여성·청소년계)'에서 담당한다. 이때 작성하는 조서를 '고소인 진술조서'라고 하며, 고소인이 아직 미성년자이므로 부모 중 1인이 동행하여야 한다. 변호사를 선임한 경우 변호사도 함께 조사에 동석할 수 있다.

일반 사건의 경우 피해자 진술이 별로 어렵지 않지만 성범죄 피해자의 경우, 그리고 집단 폭행이나 공동상해를 당한 피해자의 경우에는 트라우마 때문에 진술이 쉽지 않은 경우가 많다. 성범죄의 경우 여성수사관을 배치(피해자가 여학생인 경우)하고, 신뢰관계인(부모 등)을 동석하게 한다.

고소인 조사는 고소장에 미처 나타나 있지 않은 피해 사실에 대한 정확한 확인과 증거관계, 또한 가해자에 대한 처벌 의사의 유무 확인을 위함이다. 경찰 수사관이 육하원칙에 따라 상당히 자세하게 물어보고 무엇보다 죄가 성립하기 위한 요건(이를 구성요건이라고 한다)이 만족하는지와 관련 집요한 질문을 한다.

피해자 조사 이후 가해자를 조사하며 필요한 경우 참고인(증인) 조사도 실시할 수 있다. 이때 작성하는 조서가 '피의자 신문조서' 내지는 '참고인 신문조서'이다. 가해자를 경찰서로 불러서 조사하며 피해자 진술과 마찬가지로 변호사 및 신뢰관계인 동석이 가능하다. 사안이 복잡하고 공소사실이 많으면 1회에 종료되지 않고 2회, 3회 조사를 진행하기도 한다.

학생들이 아직 어린관계로 막상 변호인으로 조사 입회를 해보면 말을 잘하던 아이들도 자신이 경찰서에 와서 조사를 받고 있다는 사실에 긴장하여 진술에 어려움을 겪는 경우가 많다. 감정이 복받쳐 중간에 조사를 쉬었다가 다시 진행하는 일도 비일비재하다.

따라서 청소년의 경우 담당 수사관님들이 많이 배려해주시는 편이다. 참고인은 아이들이 학생이라면 담당 수사관이 학교로 출장을 가서 수사를 하거나 상황에 따라 전화로 수사하기도 한다. 참고인 조사를 위해 학생들을 경찰서로 소환하는 경우는 거의 보지 못했다. 아무래도 사건의 직접당사자가 아닌데 미성년자인 학생을 경찰서로 부른다는 것은 부모들의 반발 등 부담이 되기 때문이다.

사건분류

피해자 조사 및 가해자, 참고인 조사를 완료한 후 사안의 경중과 피해자의 처벌 의사 등에 따라 '처벌대상 사건'과 '선도대상 사건'으로 분류한다.

● 처벌대상 사건

'처벌대상 사건'의 경우 만 10세 이상에서 14세 미만의 '촉법소년'은 소년법원으로 송치되어 보호처분을 받게 되고, 만 14세 이상에서 19세 미만의 '범죄소년'은 검찰로 송치되어 일반적인 경우 학생임을 감안하여 선도조건부 기소유예 처분을 받거나 촉법소년과 마찬가지로 소년법원으로 송치될 수도 있다. 그러나 사안이 중대하거나 기존에 유사한 처분을 받은 전력이 있다면 일반 성인들과 똑같이 형사법이 적용되어 벌금 또는 징역 처분이 내려지기도 한다.

● 선도대상 사건

'선도대상 사건'은 검찰과 협의하에 경찰에서 사건의 종결처리가 이루어진다. 다만, '선도대상 사건'의 경우라도 피해학생과 가해학생 간의 분쟁이 지속되고, 피해회복이 제대로 이루어지지 않아 피해학생이 가해학생에 대한 처벌을 요구하는 경우, 또는 가해학생이 선도프로그램을 이수하지 않는 경우 등의 경우에는 처벌대상 사건으로 처리될 수 있다.

그 이후 절차

경찰에서 수사가 끝나면 위와 같이 가해자는 소년법원으로 송치되어 소년법상의 '보호처분'을 받거나 범죄가 중한 경우 일반 형법상의 '처벌'을 받게 된다(누차 이야기하지만 만 10세 이상 만 14세 미만의 '촉법소년'은 무조건 소년사건으로 분류되어 소년법상 '보호처분'을 받게 된다).

이후의 절차부터는 검찰 혹은 법원이 가해학생을 어떻게 처벌할지 정하게 되므로 피해자 입장에서는 마땅히 더 할 것이 없다. 즉 가해자의 처벌과 관련해서는 검사 내지는 법원이 알아서 할 것이다. 다만 검찰에서 추가조사를 위해 아주 드물게 피해자를 소환하는 경우가 있으며 이럴 때는 최대한 협조해 주면 된다.

그러나 가해자의 경우 처벌을 면하려면 각 시기에 맞게 최선의 변호를 다해야 한다. 여기부터는 혼자 대응하는 방법보다는 변호사 혹은 전문가의 도움을 받는 것을 추천한다. 최소한 상담이라도 받아 보기를 권한다.

소년보호사건(가해자)

소년보호사건이란 무엇인가

소년보호사건이란, 반사회성이 있는 소년의 환경 조정과 품행 교정을 위해 가정법원 소년재판부가 관리하는 사건 일체를 말한다.

> ●●● **소년법**
>
> 제2조(소년 및 보호자)
> 이 법에서 "소년"이란 19세 미만인 자를 말하며, "보호자"란 법률상 감호교육(監護敎育)을 할 의무가 있는 자 또는 현재 감호하는 자를 말한다.
>
> 제4조(보호의 대상과 송치 및 통고)
> ① 다음 각 호의 어느 하나에 해당하는 소년은 소년부의 보호사건으로 심리한다.

1. 죄를 범한 소년

2. 형벌 법령에 저촉되는 행위를 한 10세 이상 14세 미만인 소년

3. 다음 각 목에 해당하는 사유가 있고 그의 성격이나 환경에 비추어 앞으로 형벌 법령에 저촉되는 행위를 할 우려가 있는 10세 이상인 소년

가. 집단적으로 몰려다니며 주위 사람들에게 불안감을 조성하는 성벽(性癖)이 있는 것

나. 정당한 이유 없이 가출하는 것

다. 술을 마시고 소란을 피우거나 유해환경에 접하는 성벽이 있는 것

② 제1항제2호 및 제3호에 해당하는 소년이 있을 때에는 경찰서장은 직접 관할 소년부에 송치(送致)하여야 한다.

③ 제1항 각 호의 어느 하나에 해당하는 소년을 발견한 보호자 또는 학교·사회복리시설·보호관찰소(보호관찰지소를 포함한다. 이하 같다)의 장은 이를 관할 소년부에 통고할 수 있다.

일반 성인의 경우 죄를 지으면 형사처벌을 받지만 19세 미만의 소년의 경우는 아직 미성년자에 해당하므로 무조건적으로 벌금, 금고, 징역 등의 처벌을 하기보다는 '보호처분'이라고 하는 일종의 「교육적 처분」을 통해 이들을 교화하고 훈육하고자 하는 것이다.

교육적 처분은 약하게 느껴질 수 있겠지만 실제 법원에서 재판을 받고 이를 수행하여야 하는 아이들에게는 이 또한 처벌로

느껴지는 것은 동일하다고 볼 수 있다.

　위 '형사고소' 항목에서 설명했듯이 우리나라의 형사미성년자는 14세 미만의 자이기 때문에, 14세 미만의 자는 형사처벌을 받지 않는다. 다만 소년법 제4조 제1항 제2호에서 '만 10세~만 14세 미만의 자는 소년부의 보호사건으로 심리한다(즉 소년보호사건으로 다룬다)'라고 되어 있으므로 죄가 되는 행위를 하였을 경우 소년법상의 보호처분을 받을 수 있다(이들을 촉법소년이라 함은 이미 설명하였다). 반면 만 14세 이상 만 19세 미만의 자는 소년법상의 '소년'에도 해당하고 형사미성년자도 아니기에 '형법'상 처벌을 받을 수도 있는 이중적인 지위에 있게 된다(이 구간의 소년들을 '범죄소년'이라 한다). 따라서 이들은 사안의 경중에 따라 형법상 처벌을 받기도 하고 소년법상 보호처분을 받기도 한다.

연령	적용법	
	소년법(보호처분)	형법(형벌)
만 10세 이하	X	X
만 10세 이상~만 14세 미만 (촉법소년)	○	X
만 14세 이상~만 19세 미만 (범죄소년)	○	○

* 만 10세 이하의 가해자는 어떤 행위를 하더라도 형사적으로는 아무런 제재를 받지 않는다. 오직 학생인 경우 심의위원회에서의 징계조치만을 받을 뿐이다.
* 만 10세 이상 만 14세 미만의 촉법소년의 경우, 죄가 되는 행위를 할 경우 소년보호사건으로 분류되고 소년법상 보호처분을 받게 된다.
* 만 14세 이상 만 19세 미만의 범죄소년의 경우, 사안에 따라 일반 형법상의 '처벌'을 받을 수도 있고 소년법상의 '보호처분'을 받을 수도 있다. 어떤 절차로 다룰지는 검사가 결정한다.

　고소된 학교폭력 가해자의 사건이 소년사건으로 분류, 소년법원으로 송치되면 소년법원에서 사건을 접수받아 사건번호('2020푸0000')를 부여한다. 그리고 이 사건에 대해 심리(재판)를 개시할지 안할지를 결정한다.

　만약 심리를 개시하게 되면 ① 심리개시결정서, ② 통지서, ③ 소환장을 가해자 측에 보내게 된다.

○ ○ 법 원
심 리 개 시 결 정

사   건   20   푸

성   명

주민등록번호   -

주   거

주 문

이 사건에 대한 심리를 개시한다.

이 유

이 사건을 심리할 필요가 있다고 인정되므로 소년법 제20조 제1항에 따라 주문과 같이 결정한다.

20   .   .   .

판 사   ○ ○ ○   ㉑

출처: 법원 전산 양식

○ ○ 법 원

통 지 서

귀하

사 건   20   푸

성 명

주민등록번호   －

주 거

위 사건에 관하여 20   .   .   . 자로 심리개시결정이 있어 소년법 제20조 제2항을 따라 다음 사항을 통지합니다.

1. 심판에 부하여질 사유의 요지는 별지와 같습니다.

2. 소년 또는 보호자는 판사의 허가를 얻어 보조인을 선임할 수 있으며, 보조 인을 선임함에는 보조인과 연명날인한 서면을 제출하여야 합니다. 다만, 보호자 또는 변호사를 보조인으로 선입하는 경우에는 허가를 요하지 않습 니다.

3. 소년 또는 보호자는 소년에게 신체적·정신적 장애가 의심되는 경우, 빈 곤이나 그 밖의 사유로 보조인을 선임할 수 없는 경우, 그 밖에 보조인이 필요하다고 인정되는 사정이 있는 경우 국선보조인 선정을 신청할 수 있 습니다.

첨부서류: 심리개시결정등본 1통

20   .   .   .

법원사무관   ○ ○ ○ ○   ㊞

※ 문의사항 연락처: ○○법원   소년○단독   법원사무관 ○○○

직통전화: (○○○)○○○-○○○ 법원소재지: ○○ ○○구 ○○로 ○○○

팩스: (○○○)○○○-○○○   e-mail: @scourt.go.kr

주: 주민등록번호의 전부를 알 수 없을 때에는 주민등록번호의 앞자리(생년월일) 부 분을 기재한다.

출처: 법원 전산 양식

○ ○ 법 원
소 환 장

귀하

사 건   20 푸

성 명

주민등록번호   –

위 사건에 관하여 조사 심리할 사항이 있으니 20 . . . : 이 법원 제
호 법정(관 층)에 출석하시기 바랍니다.

정당한 이유 없이 소환에 응하지 아니한 때에는 동행영장을 발부할 수 있습
니다.

20 . . .

판사 ○ ○ ○ ㊞

◇ 유의사항 ◇

1. 출석할 때에는 이 소환장과 주민등록증을 가져오시기 바랍니다.
2. 이 사건에 관하여 제출하는 서면에는 사건번호(20○○푸○○)를 기재하
 시기 바랍니다.

※ 주차시설이 협소하오니 대중교통을 이용하여 주시기 바랍니다.

※ **문의사항 연락처: ○○법원**   **소년○단독**   **법원사무관 ○○○**

 직통전화: (○○○)○○○-○○○ 법원소재지: ○○ ○○구 ○○로 ○○○

 팩스: (○○○)○○○-○○○ e-mail: @scourt.go.kr

주: 주민등록번호의 전부를 알 수 없을 때에는 주민등록번호의 앞자리(생년월일) 부
 분을 기재한다.

출처: 법원 전산 양식

이러한 서류를 법원으로부터 받게 되면 상당히 떨릴 것이다. 이때부터 본격적인 소년보호사건이 진행된다고 보면 된다. (그나마 다행인 것은 소년사건으로 진행된다는 것이다)

소년법상의 보호처분은 통상 우리가 이야기하는 '전과'에는 해당하지 않는다. 가장 높은 수준의 징계라 볼 수 있는 소년원 (8, 9, 10호 처분)처분을 받더라도 말이다.

그러나 일반 형사절차로 진행되어 만약 벌금형이라도 받게 된다면 이는 모두 전과에 해당한다. 범죄경력조회서를 떼어보면 벌금전과기록이 나온다. 벌금기록이라 가볍게 볼 수 있을지 몰라도 취업에도 영향을 줄 수 있다.

> ●●● 참조
>
> 벌금과 과태료는 구별해야 한다. 벌금은 말 그대로 형사적 제재이고 전과에 해당한다. 반면 교통 범칙금과 같은 과태료는 일종의 '행정벌'로 전과에 해당하지 않는다. 비슷한 것 같지만 다른 차이를 알아두어야 한다.

특히나 소환장에는 "언제까지 어디로 심리를 위해 나오라"는 문구가 있고 밑에는 판사의 성함이 적혀져 있을 것이다. 이날이 재판날이며 부모님과 함께 학생이 동행해야 한다. 만약 변호사(소년보호사건에서는 변호인이라 하지 않고 보조인이라는 용어를 사용한다)를 선임하였을 경우에는 변호사까지 함께 참석하여 최후 진술을 도와준다. 재판 당일에는 단정하게 차려입고 마음의 준비를 하고 가야 한다. 판사님께 엄청나게 꾸중을 들을 각오를 하고 말이다.

또한 소환장 도달 후 심리기일이 열리기 전까지 아래와 같이 법원의 명령에 따른 '조사관의 조사'를 받을 수도 있다.

○ ○ 법 원
출 석 요 구 서

보호자 　　　 귀하

사 　 건 　　 20 　 푸
성 　 명
주민등록번호 　　　　　 ―

위 사건에 관하여 조사할 것이 있으니 소년을 데리고 20 　　. 　. 　. :
이 법원 제 　 호 법정(　 관 　 층)에 출석하시기 바랍니다.

20 　. 　. 　.

조사관 　○ ○ ○ ㉑

◇ 유의사항 ◇

1. 출석할 때에는 이 출석요구서와 주민등록증을 가져오시어 담임조사관에
   게 제시하기시 바랍니다.
2. 이 사건에 관하여 제출하는 서면에는 사건번호(20○○푸○○)를 기재하
   시기 바랍니다.
※ 주차시설이 협소하오니 대중교통을 이용하여 주시기 바랍니다.

| ※ 문의사항 연락처: ○○법원 　　　　 소년○단독 　　　　 법원사무관 ○○○ |
| 직통전화: (○○○)○○○-○○○ 　법원소재지: ○○ ○○구 ○○로 ○○○ |
| 팩스: (○○○)○○○-○○○ 　　 e-mail: 　　　　　 @scourt.go.kr |

주: 주민등록번호의 전부를 알 수 없을 때에는 주민등록번호의 앞자리(생년월일) 부
   분을 기재한다.
주: 위 양식은 소년 및 보호자에 대한 것임(보호자만을 소환할 때에는 "소년을 데리
   고"를 삭제한다.

조사를 하는 이유는 재판부가 당해 학생에게 알맞은 보호처분을 내리기 위해 학생의 가정환경, 경제적 상황, 죄가 되는 행동을 하게 된 동기, 심리상태, 보호자의 훈육 의지 등 소년의 환경과 정서에 관하여 좀 더 면밀하게 살펴보기 위함이다. 따라서 당일 조사 시 주로 소년의 가정환경, 평소 품행 내지는 성향, 사건에 이르게 된 동기, 피해자와의 화해 정도를 포함한 전반적인 내용에 대해 문답의 시간을 갖게 된다.

조사관은 판사의 명령에 따라 조사를 하는 것이며, 이날 오고 간 문답에 대해서는 보고서를 작성해 재판부에 제출하고 보호처분 결정 시 참고자료로 쓰인다. 최근에는 위와 같은 소환조사 과정을 거치지 않고, '소년분류심사원'에 약 한 달가량 수감되어 조사를 받는 경우가 많아지고 있다. 학생들의 입장에서는 집을 떠나 약 한 달 동안 갇혀야 하는 공포의 대상이 아닐 수없다. 이하에서 살펴보기로 한다.

소년분류심사원이란

●●● 소년법

제18조(임시조치) ① 소년부 판사는 사건을 조사 또는 심리하는 데에 필요하다고 인정하면 소년의 감호에 관하여 결정으로써 다음 각 호의 어느 하나에 해당하는 조치를 할 수 있다.

1. 보호자, 소년을 보호할 수 있는 적당한 자 또는 시설에 위탁
2. 병원이나 그 밖의 요양소에 위탁

3. 소년분류심사원에 위탁

소년분류심사원이란 소년법 제18조 제1항 제3호에 따라 소년법원으로부터 위탁된 소년('위탁소년') 등을 수용하여 그 자질을 분류심사하기 위하여 설치된 기관이다. 조사관 조사와 같이 목적은 동일하나 좀 더 심층(?)조사를 하기 위해 청소년을 수용(가둬서)해 여러 가지 조사를 해본다는 의미이다.

소년분류심사원 입소는 일반 성인형사사건에서의 '구속' 수사에 비유할 수 있다. 일반 성인형사사건에서도 구속사유가 있는 경우 (혐의의 상당성, 주거가 확실치 않은 경우, 도주 및 증거인멸의 우려가 있는 경우) 재판을 하기 전 피의자를 구치소에 가두고 수사를 진행한다. 소년의 경우에는 구치소가 아니라 소년분류심사원에 가두어 놓고 어떤 아이인가, 왜 그런 행동을 하였는가를 살펴보겠다는 것이다.

신체검사, 면접조사, 심리검사, 정신의학적 진단, 행동관찰, 자기기록, 자료조회, 현지조사 등 여러 가지 검사 및 조사를 약 한 달에 걸쳐 받게 된다. 마찬가지로 소년분류심사원의 조사결과는 고스란히 재판부에 전달되어 '보호조치'를 결정하는 데 참고자료가 된다.

소년분류심사원에 수용된다는 것은 그 자체로 자유를 억압당하고 집에 돌아올 수도 없는 것이기에 미리 받는 형벌과 유사한 느낌으로 다가오기 마련이다. 학생들이 제일 꺼리는 곳이기도 한다. 보통은 다음의 경우에 소년분류심사원에 입소된다.

비행이 가볍지 않은 경우

소년의 범죄행위가 중하다면 위탁가능성이 높아진다. 폭행의 회수나 빈도가 높은 경우, 위험한 물건을 사용한 경우, 집단에 의한 경우, 기존에 동종 범행의 이력이 있는 경우, 성범죄와 관련된 경우 등이다.

소년에게 반성의 태도가 보이지 않을 때

소년 보호사건의 심리(재판)기일이 열리기 전에 법관의 명령에 따라 '조사관'의 조사가 이루어지는 경우가 있다. 이때 보호소년이 참석하여 조사관의 물음에 답변을 해야 하는데 반성의 기미가 보이지 않거나 불성실하게 답변하는 경우, 그러한 내용이 모두 법관에게 전달되어 심리기일에 분류심사원으로 위탁되는 경우가 있다. 즉 재판을 받다가 판사님이 "안 되겠다. 너 분류심사원가서 반성 좀 하고 와야겠어."라고 이야기하면 바로 현장에서 입소가 결정되는 것이다. 성인 사건에서의 '법정구속'과 비슷하다.

가끔 소년법원에 가면 한숨을 쉬거나 우시면서 재판정에서 나오는 부모님들이 계신데 통상은 법원 재판기일에 아이와 함께 나갔다가 판사님의 명령으로 아이가 분류심사원에 입소하는 경우다. 법원에 갈 때는 함께 갔었는데 올 때는 아이의 옷만 가지고 와야 하니 그 마음이 얼마나 속상하겠는가.

소년이 좋지 않은 환경에 처해진 경우

소년이 돌봄을 받지 못하는 환경에 처해진 경우, 소년 환경의 보호 및 처우를 위해 위탁되기도 한다. 이는 소년을 오히려 보호하기 위한 목적이다. 비행에 노출될 만한 환경으로부터 소년을 분리하기 위한 것이다.

상습적 비행을 하는 경우

이미 보호처분을 받은 이력이 있거나, 동종의 전과가 있는 경우 분류심사원에 위탁될 가능성이 더 높아진다.

법원의 보호처분 결정

●●● **소년법**

제32조(보호처분의 결정)

① 소년부 판사는 심리 결과 보호처분을 할 필요가 있다고 인정하면 결정으로써 다음 각 호의 어느 하나에 해당하는 처분을 하여야 한다.

1. 보호자 또는 보호자를 대신하여 소년을 보호할 수 있는 자에게 감호 위탁
2. 수강명령
3. 사회봉사명령
4. 보호관찰관의 단기(短期) 보호관찰
5. 보호관찰관의 장기(長期) 보호관찰
6. 「아동복지법」에 따른 아동복지시설이나 그 밖의 소년보호시설에 감호 위탁

7. 병원, 요양소 또는 「보호소년 등의 처우에 관한 법률」에 따른 소년 의료보호시설에 위탁
8. 1개월 이내의 소년원 송치
9. 단기 소년원 송치
10. 장기 소년원 송치

모든 조사과정이 끝나고 심리기일에 재판에 참석하면, 판사는 가해학생 및 그 부모에게 사건과 관련된 질문을 한다. 주로 많이 물어보는 것은 왜 그러한 행동을 하였는지, 반성하고 있는지, 피해자에게 사과는 하였는지, 피해자에 대한 금전적 손해의 전보(塡補, 부족을 채움)는 이루어졌는지에 관해 물어본다.

재판은 한 건당 15분 전후로 이루어져 금방 끝나는 편이다. 오히려 밖에서 대기하는 시간이 더 길 수 있다. 사건은 많고 소년부 판사의 인원수는 적어 재판이 열리는 날 보통 60건가량을 하루에 소화해야 하기 때문이다.

당일 재판이 끝나는 경우도 있지만, 만약 소년이 반성하고 있지 않거나 피해전보의 노력이 전혀 이루어지지 않았다고 판단되면 다음 재판기일을 잡고 그때까지 어떤 준비를 하라는 등의 지시를 내리기도 한다. 아까 이야기했듯이 바로 다음 재판기일을 지정하여 그때까지 소년분류심사원위탁 결정을 내리는 경우도 있다.

그렇게 모든 심리가 마무리되면 제1호에서부터 10호까지의 처분을 판사가 내린다. 1회에 재판이 끝날 경우 바로 현장에서

결정이 나온다. 위 10개의 보호조치 중 한 개의 처분을 내릴 수도 있지만 통상 1~2개의 처분이 병과된다.

법원의 결정에 대한 불복(항고, 재항고)

위 결정된 소년보호처분이 부당하다고 생각하는 경우 '항고'를 할 수 있고 항고도 기각되면 이후 '재항고'를 할 수 있다. 항고는 사건본인(학생), 보조인(변호사) 또는 법정대리인(부모)이 할 수 있으며 보호처분이 있은 날로부터 7일 이내에 원 재판부에 '항고장'을 제출하는 방식으로 한다. 결정에 영향을 미칠 만한 법령위반이 있거나 중대한 사실오인이 있는 경우, 처분이 현저히 부당한 경우(주로 과다한 경우)에 주로 항고한다.

항고도 기각되어 이에 불복하려면 '재항고'를 고려해 볼 수 있다. 다만 재항고는 위 결정들이 '법령에 위반되는 경우'에만 할 수 있으며 그 관할은 대법원이 된다. 재항고 또한 항고결정을 받은 날로부터 7일 이내에 원심(항고)법원에 재항고장을 접수하여야 한다.

IV

민사상
손해배상청구

민사소송의 이유

　"기용이는 학교폭력의 피해자로서 형사고소와 더불어 민사
소송도 진행하기로 했다. 심리상담에서는 최소 6개월 이상의
정기적인 치료가 필요하다는 진단을 받았다. 가해자들은 약간
반성하는 듯 보였으나 이내 다시 모든 일이 반복되기 시작했
다. 사과 한마디 없었다. 상담 비용도 만만치 않았고, 같은 일이
또 반복되지 않는다는 확신도 없었다. 그래서 치료비와 위자료
를 포함한 금전적인 배상을 받기로 했다. 가해자에게 조금이라
도 피해를 주고 싶었고 법원으로부터 내가 피해자라는 일종의
인정을 받고 싶었다."

- 기용이의 사례 8

　학교폭력의 피해자는 기본적으로 가해학생 및 그의 부모를

상대로 민사상 손해배상청구소송을 할 수 있다.

민사소송을 하는 이유는 단 하나다. 가해자으로부터 받은 피
해를 피해자가 금전적으로 배상받기 위해서다. (오해하시는 경
우가 많은데, 민사소송의 목적은 어디까지나 상대방으로부터 돈을 받
기 위함이다. 사과를 받기 위한 것도 아니며 가해학생으로 하여금 처
벌을 받게 하는 절차도 아니다. 민사와 형사를 잘 구별하자!)

피해자의 경우 심의위원회에서 학교폭력 피해자로 인정되면
'학교안전공제회'에 그 치료비를 청구할 수 있다. 다만 안전공
제회에서 지급하는 비용은 치료와 관련된 실비 일부에 국한하
고 향후 발생할 수 있는 치료비나 위자료 등은 받을 수 없다.

피해나 부상 정도가 크지 않다면 위의 비용만 받고 사건을
종결시켜도 무관하다. 다만 피해학생에게 향후 장애로 남을 수
있는 사안들(치과나 안과, 정형외과 질환이 대표적이다)이라면 공
제회 비용만 받고서는 부당하다는 생각이 들 것이다. 그 때 고
려해야 할 것이 민사소송이다.

학교폭력 민사상 손해배상 청구소송에서 통상 가장 큰 부분
을 차지하는 것이 '위자료'이다. 위자료란 정신적 피해에 대한

배상을 상대방에게 청구하는 것이다. 따라서 정신적 피해와 관련된 진단서 혹은 심리상담서 등을 법원에 제출하여 소명하면 위자료를 인정받는데에 도움이 된다. 다만 위자료라는 것이 정확하게 객관적으로 산출되는 것이 아니라 법관의 판단에 따라 결정되므로 인정액을 예측하기가 쉽지 않다.

따라서 부상정도가 크지 않은 경우, 민사소송을 통해 큰 경제적 이익을 누려야겠다는 생각을 가지고 소송을 진행한다면 실망할 가능성이 크다. 위자료 산정이 적게 될 확률이 많기 때문이다.

민사소송을 의뢰하시는 분 중에 액수가 중요한 것이 아니라 가해자를 심정적으로 괴롭히고 법원으로부터 상대방은 가해자, 본인은 피해자라는 일종의 확인을 받고자 소송을 의뢰하시는 분이 많다. 이런 경우 필자는 부상정도가 적다면 금액도 큰 인정을 받기 어렵다는 점을 안내드리고 소송을 도와드리는 편이다.

따라서 자신이 제기하고자 하는 민사소송의 목적이 어디에 있는지 충분히 고려해보고 진행하는 것이 좋다. 다만 부상정도가 큰 경우는 예외이다. 만약 향후 장애가 남을 수 있는 상황이라면 그로 인해 발생하게 될 일실수익(장애가 발생하지 않았더라면 만 65세 노동가능연령까지 받았을 수익)까지 모두 계산하여 청구해야 한다.

개인적으로 진행하기보다는 당연히 변호사에게 사건을 일임하여 진행하면 편하고 좋다. 변호사는 법률전문가이다. 변호사가 준비를 부탁한 부분만 잘 처리해 주면 알아서 소송을 진행해 준다. 당사자는 법원에 나갈 필요도 없다. 하지만 역시나 비싼 수임료가 부담스러울 수 있다.

본인생각에는 가·피해자가 명확하고, 피해정도가 경미한 경우에는 민사소송을 혼자 진행하는 것도 나쁘지 않다. 소장에 사실관계를 나열하고, 이러한 불법행위(학교폭력 행위)가 있었으므로 얼마(치료비 영수증 등을 첨부한다)의 손해배상을 청구한다고 소장에 기재하면 된다. 인터넷 법률구조공단 혹은 대법원 홈페이지에 들어가면 양식도 모두 구비되어 있다.

다만, 가·피해자에 대한 다툼의 소지가 있고 부상정도가 크며, 가해자뿐만 아니라 학교의 학생 관리·감독상 책임까지 묻고 싶어 피고를 늘려야 할 경우라면 변호사를 선임할 것을 적극 권유드린다. 변호사도 통상 '소가(청구금액)'를 기준으로 수임료를 결정하므로 소가가 높지 않다면 합리적인 수준에서의 수임료를 주고 선임이 가능하다. 또한 재판에서 승소할 경우 상대방(피고)에게 자신이 지출한 변호사 선임료 일부를 재청구할 수도 있다.

학교폭력 민사소송에서의 변호사는 소장을 작성, 법원에 제출, 변론기일 출석, (조정기일이 잡힐 경우) 조정 출석(조정 시 당사자가 함께 하는 것이 좋다) 등 일체의 행위를 대리하여 준다. 그 과정을 혼자 감당하면서 스트레스를 받느니 선임료를 지불하고 그 신경 쓸 시간을 활용하여 다른 경제활동을 하는 편이 나을 수 있다.

상대가 누구인가

민사소송의 원고는 피해자, 그리고 피해자의 부모가 된다(피해학생만을 원고로 해도 되지만 실무에서는 피해학생의 부모도 정신적 피해에 대한 위자료를 함께 청구하게 되므로 함께 원고로 넣는다).

그리고 피고는 기본적으로 가해자 및 가해자의 부모가 된다. 부모는 미성년자인 자녀를 잘 관리·감독해야 할 책임을 갖고 있는데 이를 해태(책임을 다하지 않음)하여 본인의 자녀가 타인에게 가해행위를 하였으므로 법적인 책임을 지는 것이다.

다만 민사상 손해배상청구소송에서 교사 혹은 학교 측에 학교폭력의 발생과 관련된 '과실'이 있는 경우 피고로 ① 교사, ② 학교, ③ 지방자치단체, ④ 국가(대한민국)를 넣기도 한다.

학교를 민사소송의 피고로 하여 그 책임을 묻기 위해서는 학교 측이 학생들의 보호 및 감독의무를 가지고 있기 때문에 해태한 과실이 있음을 법원에 입증해야 한다.

판례는 "학교에서의 교육활동 및 이와 밀접불가분의 관계에 있는 생활관계에 한하며, 그 의무 범위 내의 생활관계라고 하더라도 그 사고의 발생이 학교생활에서 통상 발생할 수 있다고 예측되거나 또는 예측가능성이 있는 경우에 한하여" 학교에게 보호감독의무위반에 대한 책임을 지우고 있다(대법원 2007. 4. 26. 선고 2005다24318 판결).

위와 같이 학교가 과실이 있음이 인정되면 공립학교의 경우 그 학교에 대한 관리·감독의무자는 지방자치단체가 되고, 국립학교인 경우는 국가가 되므로 함께 책임을 물을 수 있는 것이다.

어느 법원으로 가야 하나

모든 민사소송의 관할 법원은 피고 주소를 기준으로 하나, 학교폭력 사건과 관련하여서는 학교의 주소를 기준으로 하여 관할법원을 따지면 된다. 보통 네이버와 같은 포털사이트 검색창에 '관할법원 찾기'라고 찾아보면 '대한민국 법원' 사이트가 연결되며 해당창에서 주소(읍면동)을 검색하면 관할법원이 나오게 된다. 학교 주소를 기준으로 법원을 검색해 보자.

소장은 어떻게 작성하나

청구취지 작성

소장의 청구취지에는 피고(들)로부터 받고자 하는 금원의 액수를 기재한다.

> ●●● 청구취지
>
> 피고(들)은 원고(들)에게 금 30,000,000원 및 이에 대한 2018. 7.
> 24.(폭력행위발생일)로부터 이 사건 소장 부본 송달일까지는 연 5%
> 의, 그다음 날부터 다 갚는 날까지는 연 12%의 각 비율에 따른 금원
> 을 지급하라.

예를 들어 위와 같이 기재하였다면 30,000,000원은 받고자
하는 원금(치료비+위자료 등)이며 이후의 기재는 그 금원에 대한
이자에 해당한다(5%, 12%는 각 법정이율 및 소측법상의 정해진 이
율이므로 그대로 쓰면 된다).

청구원인

사실관계 나열

청구원인에는 이 사건 학교폭력 발생 사실에 대하여 기재한
다. 예를 들어 "가해학생이 2018. 7. 24. 피해학생을 하교 후 운
동장 구석에서 주먹으로 얼굴을 수회 가격하여 피해학생은 전
치 3주 이상의 타박상을 입었습니다. 이에 심의위원회가 개최되
어 가해학생은 4호 조치 사회봉사처분을 받았습니다."(각 청구원
인 내용과 관련된 자료, 예를 들어 진단서라든지 심의위원회 결과통지
서와 같은 것들을 입증자료로 함께 제출해야 한다)라는 식이다.

얼마를 청구할 것인가

위 청구취지의 금액이 어떻게 산정되었는지 정리해야 한다.

학교폭력에 의한 민사상 손해배상청구는 크게 4가지로 구분된다.

●●● **청구액 정산**

① 기왕치료비(폭력행위로 인해 피해자측이 여태껏 병원비로 들인 실제 비용 - 영수증 첨부해야 함)
② 향후치료비(완전히 치료되기까지 소요될 예정인 치료비)
③ 일실이익(부상 또는 정신적 피해정도가 심각하여 장애가 발생할 정도의 경우)
④ 위자료(학교폭력 행위로 인해 피해자 측이 받은 정신적인 피해에 대한 보상금)

병원비 영수증, 향후 지출예정인 병원비용, 피해학생과 부모들이 받기를 원하는 위자료 금액을 모두 더하여 손해배상액을 결정하면 된다. 특히 위자료를 얼마로 책정해야 하는지에 대해 질문이 많은데, 위자료는 특별히 정해져 있는 기준은 없다.

본인이 상대방으로부터 받기를 원하는 금액을 정하면 된다. 다만 너무 터무니없는 금액 제시는 오히려 소송비용만을 높일 수 있고 청구금액보다 크게 지게 된 경우(가령 1억을 청구했는데 10%인 1000만 원만 승소한 경우)에는 상대방의 소송비용(변호사 비용 등)의 일부를 물어줘야 할 수 있으므로 과다청구는 지양해야 한다.

학교폭력 사건에서 통상 위자료는 1000만 원을 넘기기 어렵다. 다만 피해학생에게 심각한 신체적, 정신적 장애가 발생한 경우에는(조현병이 발생하여 정상적인 사회생활 자체가 불가능한 경우) 약 1억 원의 위자료가 책정된 경우도 있었다.

전자소송 혹은 우편으로 접수하기

대법원 전자소송 사이트(https://ecfs.scourt.go.kr/ecf/index.jsp) 또는 법원 종합민원실에 소장을 접수한다. 그리고 청구취지 금액에 비례한 인지대와 송달료를 납입(소가에 따라 다르나 통상 5000만 원 미만의 청구라면 20만 원 안팎이다) 하면 소장 접수가 모두 완료된다. 이후 접수한 소장은 약 보름 후 피고(가해학생 측)에 도달될 것이며, 상대방이 답변서를 제출하면 1회 변론기일이 법원으로부터 지정된다.

소요기간, 판결 확정 이후

소장 접수 후 상대방의 답변서 제출, 그리고 1회 변론기일까지 통상 2~3개월이 소요되며, 피고 측이 어떠한 증거방법을 통해 항변하는지에 따라 다르지만 학교폭력 손해배상 소송의 경우 6개월 남짓하여 종결되는 경우가 많았다.

이것은 1심이고, 6개월 동안 1심을 진행하여 소송이 끝나면 양 당사자는 1심 판결문을 받은 다음 날로부터 14일 이내에 '항소'(2심)를 할 수 있으며 항소심 결과를 받고도 부당하다고 판단되면 '상고'(3심, 대법원)까지 진행이 가능하다. 다만 학교폭력 손해배상소송의 경우 항소심을 진행하는 경우는 매우 드물었으며 90% 정도는 1심에서 종결된다고 보면 된다.

1심 판결이 나온 뒤 2주 동안 양당사자 아무도 항소하지 않으면 판결이 확정된다. 판결이 확정되면 피고로부터 판결문 주문에 적힌 금액을 청구할 수 있는 집행권원이 생기는 것이다.

통상 주문에 피고(가해자 학생)의 이름이 적혀져 있고 이를 지급하지 않으면 재산명시 등 추가적으로 집행을 위한 신청이 가능하므로 대부분 부모들은 아이한테 행여 누가 될까 금원을 지급하기 마련이다. 만약 피고에 가해자 부모까지 되어있는 상황이라면, 판결금액을 주지 않을 경우 부모재산에 바로 압류, 경매 등 강제집행을 할 수 있다.

요즘 학교폭력 사건의 경우, 청구금액이 아주 크지 않고 사실관계가 첨예하게 대립하여 일단 '조정'에 회부하는 경우가 많다. 재판상 '조정'이란 양 당사자가 만나 조정위원 혹은 판사 앞에서 피고가 일정한 금원을 원고 측에 주고 합의하에 사건을 종결시키는 것이다.

조정으로 사건을 끝내면 양 당사자는 불필요한 법정공방을 계속할 필요 없이 사건을 종결시키게 되고 원고입장에서는 빨리 확실한 금원을 변제받게 되는 것이다. 또한 판결로 사건이 끝나는 것이 아니기에 재판부 입장에서도 '판결문'을 쓰지 않아도 되어 편하기도 하다. 또한 조정위원입장에서도 일종의 실적(?)을 올리는 것이기도 하여 모두가 행복할 수 있는 절차이다.

　다만 민사소송은 어디까지나 돈 문제이므로 양 당사자 간에 금원부분에 있어 합의가 이루어져야 한다는 것이 문제이다. 원고는 2000만 원을 요구하는데 피고가 100만 원만 주겠다고 한다면 견해 차이가 너무 커서 애초에 조정이 이루어질 리 없다. 이상적인 것은 원고 측에는 2000만 원을 요구하고, 피고 측에서 1000만 원 지급이 가능하다고 할 경우 조정위원의 권고를 통해 1500만 원에서 서로 간에 합의를 보는 것이 가장 통상적인 그림이다.

　조정이 싫다면 조정거부의 의사를 재판부에 표해도 된다. 그럼 다시 재판으로 회부되고 최종적으로 법관의 판결을 통해 피고의 배상금액을 정하게 된다.

"변호사님 감사합니다. 힘든 일 덕분에 잘 이겨냈습니다. 학교에서도 경찰서에서도 좋은 소식 들었습니다. 이번 일을 통해 저희 아이도 한 뼘 성장했습니다. 처음 겪는 일이라 당황하기만 했는데 친절히 상담해 주시고, 지나고 보니 진심으로 감사한 일 뿐이네요. 행정학과에 진학하고 싶다고 하는데 변호사님처럼 따뜻한 마음 가지며 클 수 있도록 잘 키우겠습니다. 이제 곧 고등학교를 가는데 지금까지는 많이 힘들었지만 나중에 더 큰 사람이 되면 변호사님 이야기 꼭 들려줄 겁니다."

2019년 1월에 학부모에게 받은 문자다. 뭐랄까 이 문자를 받고 나의 작은 지식과 경험이 다른 사람에게, 특히 자라나는 청소년들에게 도움이 되었다니 마음이 뜨거워지고 보람됨을 느꼈다. 당연히 이 문자는 소중히 잘 간직하고 있다.

청소년 관련 법률문제에는 그냥 마음이 갔다. 나의 활동으로 한 명의 청소년이라도 현재의 어려움에서 벗어날 수 있다는 자체가 좋았다. 감히 내가 한 생명을 도울 수 있다는 것이 지금도 신기할 뿐이다. 그래서 더 열심히 하려고 한다. 지금도 이 분야를 선택한 것을 참 잘했다고 생각한다.

교회에서 청소년 교사 생활을 10년 넘게 했고 덕분에 이 일을 시작하면서 청소년들과의 소통에 전혀 어려움이 없었다. 경험을 곱씹어 보면 청소년들은 언제나 변할 수 있고 그 원동력은 언제나 사랑과 관심이었다.

본적도 없는 청소년에게 사랑과 관심을 전달할 수 있는 방법이 책을 쓰는 것이었다. 어린 나이에 인생의 쓴 맛을 보고 있는 아이들에게 괜찮다고 토닥거려주고 싶다. 아마 그러다보면 이 청소년들이 자라서 미래의 내 아이에게도 잘 해줄 것이 분명하다는 이기적인 확신(?)도 갖고 있다.

폭력은 '야만'이며. 법은 '문명'의 도구이다. 이 둘이 부딪히는 공간에는 아주 작은 땅이 만들어진다. 숨만 쉴 수 있는 공간. 거기서 다시 시작하면 좋겠다. 작은 공간에 풀도 심고, 하늘도 보고, 앉기도 하면서. 어린 나이에 힘들게, 자신을 그렇게밖에 표현 못하는 자신에게 칭찬도 좀 하고 그렇게 다시 시작했으면 좋겠다.

학교폭력, 신고해야 하나 말아야 하나

학교폭력 사건에 '피해학생' 측으로 연루되면 먼저 학생과 학부모님이 느끼는 감정은 굉장히 복잡합니다. 놀람, 당혹, 두려움, 분노, 아이의 미래까지 여러 가지 생각과 걱정이 스칩니다. 이럴 때 아래와 같은 과정을 따르세요.

1. 학생과의 대화, 학교측에 문의

먼저 학생에게 어떠한 피해상황이 있었는지, 그 피해가 얼마나 지속되었는지, 그로 인한 현재의 부상 정도나 심리상태에 대해 이야기 나눠 보시기 바랍니다. 학생본인이 대답을 잘 못할 수도 있습니다. 그러면 학교 측에 연락하셔서 위와 같은 피해사실을 인지하고 있는지, 인지하고 있다면 현재까지 밝혀진 내용이 어떤 것인지 문의해보시기 바랍니다.

2. 가해학생 측과의 연락

상대 학생 측과 연락해보시기 바랍니다. 아직 신고 여부를 결정하기 전이므로 신고까지 가기 전에 말로 잘 타일러서 해결될 만한 사안인지를 가늠해보는 것입니다. 이미 가해학생 측과 친분이 있어 연락처를 알고 계시다면 바로 연락하셔도 됩니다. 만약 연락처를 모르신다면 학교 측에 중재를 요청하시고 (상대방의 동의하에) 직접 통화가 가능한지 문의하시기 바랍니다.

전화의 목적은 '재발 방지'에 있습니다. 감정적으로 대응하지 마시고 이런 일이 있었는데 아이와 한번 확인해보시고 앞으로 그런 일이 없게 서로 주의하자는 내용으로 소통하십시오. 서로 아이를 키우는 입장에서 처음부터 이러한 전화에 민감하게 반응할 사람은 거의 없습니다. 일단 주의환기를 시키고 서로 조심하자는 이야기를 예의 있게 건네시기 바랍니다.

3. 가해학생 측과 대화가 잘 안되거나 재발이 예상된다면

전화를 했는데 가해학생 측이 잘못이 전혀 없으며 오히려 화를 내는 경우가 있습니다. 그러면 이번 사고가 단발성이었는지 지속되었던 사고였는지 생각하시고 만약 후자라면 학교폭력 신고를 적극적으로 고려해보시는 것이 좋습니다.

학교폭력 가해행위가 1:1의 상황인지 '왕따'나 '은따'와 같이 피해자는 1인데 가해자가 2인 이상인지도 고려해보십시오. 지속성이 있고, 일대 다수인 상황이라면 학교폭력 신고는 하시는 것을 추천합니다. 통상 시간이 지나도 이러한 상황은 악화되면 악화되었지 자연적으로 해결될 확률은 거의 없습니다. 어른의 개입이 반드시 필요한 상황입니다.

4. 성(性) 관련 사안

성과 관련된 학교폭력 가해 사실이 신고되면, 학교는 의무적으로 관할 경찰서에 가해학생을 신고해야 합니다. 따라서 성 관련 피해학생의 경우 학교폭력 신고는 곧 형사고소를 의미할 수 있습니다.

5. 증거가 없는 경우

학교폭력 피해는 분명한데 증거가 없어 신고를 못 한다는 이야기들을 많이 합니다. 그러나 이는 반은 맞고 반은 틀린 말입니다. 원칙적으로 사안을 조사하고 증거를 수집할 의무는 학교 '전담기구'에 있습니다 (즉, 관련당사자가 증거를 수집해서 반드시 제출해야 하는 의무가 있는 것이 아닙니다). 다만 증거가 있어 제출을 하게 되면 보다 빠르고 확실하게 상대방의 가해행위를 입증할 수 있는 이점이 있는 것이지요. 증거가 없다고 신고 자체를 하지 않기보다는 일단 학교 측에 상황을 잘 설명하고 협조하여 증거를 마련할 방법을 강구하는 편이 현명한 방법입니다.

6. 신고를 하면 학생의 이미지가 나빠지는 것이 아닐까

학폭위는 '비공개'가 원칙이며 2020. 3. 1. 법개정으로 이제는 학폭위가 학교에서 개최되지도 않습니다. 2020. 3. 1. 이후 접수 사안부터 모든 학폭위는 교육지원청에서 열리게 되어 있어 학교와의 관련성이 많이 줄어들었습니다(학폭위의 결정이 맘에 들지 않는 경우 하게 될 불복절차도 교육지원청을 상대로 행정심판 또는 행정소송을 하게 법이 바뀌어 학교와는 더욱 상관이 없어졌습니다).

또한 피해자 측에는 학교폭력위원회의 결정과 관련 생활기록부에 아무런 기록도 남지 않습니다. 그리고 학교폭력 피해자의 신고는 일종의 권리입니다. 피해자로서 마땅히 행사하여야 할 권리이며 이러한 권리행사를 이유로 선생님도 학생을 차별할 수 없습니다. 차별한다면 그 선생님이 이상한 사람이겠지요. 요즘은 권리의식이 깨어 있어 그러한 이유로 학생을 차별하는 선생님은 보지 못했습니다.

학교폭력전문변호사가 알려주는
학교폭력 가이드북
학교폭력, 해결의 맥

초판 1쇄 발행 2020년 9월 5일
초판 2쇄 발행 2021년 7월 20일

지은이 이호진
발행인 김진환

발행처 학지사

발행처 인사이트   **주소** 서울특별시 마포구 양화로 15길 20 마인드월드빌딩
대표전화 02-330-5114   **팩스** 02-324-2345
출판신고 2006년 11월 13일 제313-2006-000265호
홈페이지 http://www.hakjisa.co.kr

ISBN 978-89-92654-60-9 03370
정가 13,000원

출판 · 교육 · 미디어기업 **학지사**

간호보건의학출판 **학지사메디컬** www.hakjisamd.co.kr
심리검사연구소 **인싸이트** www.inpsyt.co.kr
학술논문서비스 **뉴논문** www.newnonmun.com
원격교육연수원 **카운피아** www.counpia.com